THE INNER MARRIAGE

A GUIDE TO MASCULINE AND FEMININE POLARITY WORK

一個人的內在陰陽整合課

從平衡到進化，成為更成熟圓滿的自己

艾略特・薩克斯比 Elliott Saxby —— 著　謝明憲 —— 譯

這一生，有許多人愛我，也有許多人傷害我。
有些傷痛為我帶來最棒的禮物和成就；
有些人對我做最好的事卻導致我最糟的結果。

謝謝你們教會我不要評斷。

我愛你們大家。

目錄

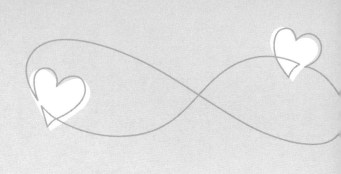

自序：矛盾與陰影，淨化與進化

「陰陽整合課」（Masculine and Feminine Polarity Work）的靈感來自許多地方，近自當代的學說，遠至數千年前的吠陀（神聖的知識）及不二論的教導（非二元論）。本書探索它們在現代生活中的應用以作為自我發展的框架，並使我們的肉體、理智體和情緒體能達成一致。

透過這些生命基本要素的運用，我們學會如何不帶評斷地行動、提升我們的頻率，以及利用兩極法則、二元法則、振動法則與吸引力法則來轉化個人和地球。當我們透過陰陽整合課來利用這些宇宙法則，我們便可以更容易地在家庭、人際關係、職場、各種療法、訓練、健康照護、復健機構中應用它們。

本書並不是要給我們答案，也不是要告訴我們如何生活，而是要幫助我們帶著更多的情緒覺察，以不同的觀點來看人生，從而找到自己的答案。

透過與吸引力法則相關的兩極和二元的概念來理解進化，我們認識了自己內在那些對立的特質當下的統合性。我們用自己內在的陽性動力和陰性動力來互相改變、發展和進化——就像是內在的婚姻一樣。隨著我們探索自身的兩極和二元，我們會了解到，生命的基礎和那維繫現實的東西是互相矛盾的，並且永遠都在變化。我們越是了解這些矛盾，我們就會越了解自己。

兩極框架（本書最重要的核心）是那混亂又完美地運作的宇宙法則的一種表達，其重點放在人的體驗上，亦即那些形塑我們的價值觀和情感觀點。事實上，從古至今都可見到兩極框架的教導，最明顯的就是《易經》。《易經》透過老陰、老陽、少陰和少陽來解說各種不同的人生途徑，以及它們如何彼此互動。

本書說明了我們的矛盾和不可解的本質，以及我們如何透過接受自己的陰影來全然享受生活、了解人類的多維度本質，並從根本上改變我們與他人的關係；更重要的是，改變我們與痛苦、悲傷、憤怒和其他所有被許多人視爲負面情緒的關係。本書從多個面向來思索人生，同時不斷地將我們的注意力帶回到兩極和二元的宇宙法則，以及如何在人生的所有面向中應用這些法則。

兩極框架受到多種來源的啓發，其中包括《易經》、西方密宗的教導，以及肯恩・威爾伯（Ken Wilber）的整合理論。在撰寫本書之前，我對學員使用及教導的就是這個架構，並且每天都見證到它所帶來的簡單、有力和快速的轉變。我的每個學員都表現出他們的脆弱及想成爲更好的人的渴望，而他們所帶來的洞見和學習是本書問世的最大功臣。當然，我這一生還受益於許多令人讚嘆的人物，而本書推薦書目中列出的那些名單無疑是對我最大的恩賜。

如何使用本書

本書是幫助你在兩極、二元和自己的進化中航行的指南。

- **本書是抽象的**。它給你的是涵蓋性的原理和概念，你必須用自己的人生體驗和獨特的理解來形成你個人的風格。
- **本書是實用的**。你可以立即利用本書的解說圖，開始改變你內在的陽性動力和陰性動力。

你可以從 www.polaritywork.com 下載四張解說圖：

1. 陰陽鏡像圖
2. 陰陽進化圖

3. 陰陽退化圖

4. 不成熟面陰影圖

這四張解說圖略述了我們如何在陰陽兩極之間移動，以進化我們自身並幫助他人進化，並藉由先承認我們的分裂而在生活中發現更多的統合。乍看這些解說圖，我們會以爲它們的重點是要去除那些不成熟的價值，但事實並非如此。這些解說圖表達的是生命那恆久不變的矛盾性——每當我們從某個觀點來理解或體驗生命，我們對於整體的理解也一定會隨之改變。我們會了解到，這些不成熟的特質是必要並有健康的一面（例如競爭），而且對錯、好壞之間的界線往往只是我們的一種評斷而已。這些解說圖指引我們，使我們的陰性面和陽性面的表現都是健康的，但仍允許少許的黑暗和陰影，因爲它們是幫助我們進化的東西。

若只想列印一張解說圖的話，請務必選擇陰陽鏡像圖。因爲當你學會解讀的方法，你就知道它其實涵蓋了所有的內容。你可以把它應用在自我發展、戀愛、伴侶、子女、朋友和同事關係中，也可以用它來經營事業和管理員工。每當你發現自己的不成熟表現時，就可以拿出這些解說圖，並透過檢視該狀況的兩極和二元來看你能學到什麼功課。

本書最好的閱讀方式是從頭讀到尾。如果你想跳著讀的話，可以先看第四部，然後再回來看第一部。此外，先翻閱書末的術語表可幫助你理解本書所使用的潛意識、無意識、集體意識等詞語的概念。

要記住，解說圖所描述的那些不成熟的特質和價值不一定是「壞的」，但它們必須加以發展。而發展過程的重點是：減少評斷，並讓自己達到健康與平衡的自然進化狀態。

關於本書「陽性」和「陰性」用語的說明

陰陽整合課提供我們某種視角來更好地了解我們自己、我們與他人的關係、我們與世界的關係，以及生命的二元本質。透過陽與陰的視角來持續觀察這些關係，我們便能擁有個人成長及轉變的強大框架，終而使我們更好地整合爲完整的人。

陰陽整合課承認一個事實：我們都有一個非由性別決定的內在陽性面和內在陰性面。本書主要是透過那些認同自己性別相關表現的個人（亦即異性戀的陽性男子和異性戀的陰性女子）來探討生命。

然而，隨著進一步閱讀本書，你會了解到，比那些標籤和說明方式更重要的是它們所傳達的概念。儘管陽性和陰性是不拘性別的，但我們還是會使用「他、他的」及「她、她的」之類的用語。倘若這樣的用語會使你感到不適，請試著用「陽」來取代男性的「他、他的」，用「陰」來取代女性的「她、她的」。

我們有時是從男性或陽性的觀點來看人生的處境，有時則是採用女性或陰性的觀點。大多數的情況下，我們以何種方式使用這些例子都無大礙，只要在腦海中將它們改成適合你的性別及個人的男女性偏好即可。

我們探討的概念適用於八種可能的陰陽配對（這些配對可以是相同或不同的性別）。舉例來說：

- 陽性的男人與陰性的女人
- 陰性的男人與陽性的女人
- 陽性的男人與陰性的男人……等等

此外，它也適用於夫妻。不論他們在陰陽的表現上是平衡又不固定的，或是一方平衡得很好而另一方則偏於陰或陽。

這種性質的自我發展工作，適用於所有人及各種關係類型——我們可能是男同志、異性戀、雙性戀、女同志、跨性別者、陰陽人、第三性、認爲自己亦男亦女或性別不固定者。非二元性別或混合性別者，或許會對本書的某些概念感到陌生，但我們鼓勵他們從中利用那些有用的部分。

我們一生中可能有許多變化，從某種明顯的存在樣貌轉變成另一種。有些人和某些夫妻可能一個月就在不同的表現中轉換好幾次，而其他人則希望人生大部分的時間是處於某種明顯的性別表現，並尋找那些能讓他們處於此種狀態（至少直到他們發生衝突之前）的伴侶。

本書並非要給我們貼上標籤、限制我們或告訴我們正確的生存方式，而是要讓我們身上的陽性和陰性的二元及兩極更顯而易見、更具包容性、不再那樣一刀切。我們應該利用它來促進「整合之我」的發展。那是一個經過整合而平衡了陽性、陰性、成熟、不成熟、健康、不健康與陰影特質的自我——一個擺脫了過去的制約和限制性信念的自我。

總而言之，本書是用性別來定義及表達各種特質，以及它們在各種關係中的表現方式。每種特質被賦予的性別只是作為一種指引。所有的情感和價值都可視為陽性能量或陰性能量來加以應用。換句話說，當你認為解說圖上的某個特質更像是陽性而不是陰性的，此時你的看法會比解說圖更為重要。畢竟這些解說圖只是用來幫助我們在情感的兩極和生命的矛盾性中航行的一種指引。最後我們將了解到，生命中的一切爲何都是兩極的原因；而透過兩極和二元的四個象限，而不是一刀切的二分法，將使我們更容易順利完成進化。陽性和陰性是兩個非常有用的象徵，它們能幫助我們具體呈現這一領悟，並了解我們自己。

【第一部】

成熟面、不成熟面和陰影

解說圖 1：陰陽鏡像圖

成熟陰性面

自信
多樣性
同理心
對陽性奉獻
包容心，以他人的快樂為樂
直覺
接納
創造力
自由與信任
療癒
愛

成熟陽性面

謙遜
互相依存
尊重
崇拜陰性
寬宏大量與慷慨大方
情感與心理上的平衡
無私
智慧與洞察力
責任、保有空間和界限
正念
愛

不成熟陰性面（及陰影）

尋求關注（自我傷害）
執著（上癮）
責怪（說謊及誣陷他人）
操縱、勾引及控制陽性（使陽性柔弱及陰性化）
嫉妒與怨恨（心存報復）
過度情緒化與宣洩（歇斯底里）
消極抵抗與嫉妒（憎恨與刁難）
受害者（渴望他人的虐待）
焦慮（偏執狂）
無意識（有害的性行爲）
恐懼

不成熟陽性面（及陰影）

傲慢（狂妄自大）
占有（奴隸主）
羞辱（霸凌）
仇視、支配與壓迫陰性（暴力、限制他人、偏見與種族歧視）
自私與貪婪（以自我爲中心）
透過理智切斷關係（冷酷無情）
競爭（好戰）
喜愛評斷（發號施令）
逃避（情感上的孤立與自恃）
無意識（有害的性行爲）
恐懼

陽性面與陰性面的特質只是作爲一種指引。不論是特質、情緒或價值觀都不應使用二分法，因爲它們大多數都可以透過陽性或陰性能量來加以應用。用兩極的方式來區分特質能有助於自我了解及整合。

1

在陰陽之間移動

我們都有一個非由性別決定的內在陽性面和內在陰性面，並且兩者都有成熟與不成熟的表現。

如果我們的陰性面是成熟的，不成熟的陽性面就會想透過壓迫、控制和支配來拖垮她；如果我們的陽性面是成熟的，不成熟的陰性面就會想藉由扮演受害者、成爲注目的焦點、說三道四、操縱、責怪和其他不成熟的陰性面特質來拖垮他。

事實上，它們只能一起提升來使自己的表現變爲成熟。爲了讓不成熟的陽性面成熟，我們必須認識自己內在的成熟陰性面；同樣的，爲了讓不成熟的陰性面成熟，我們也需要自己內在的成熟陽性面。這跟養兒育女非常像，因爲：

• 爲了讓孩子走向成熟的陰性力量，孩子需要他們內在的成熟陽性。爲此，孩子需要一個典範、一個他們能從中獲得陽性印記的人，而這通常是父親的形象。

• 同樣重要的是，爲了讓孩子的內在發展出成熟的陽性面，他們需要來自他們的成熟陰性面的愛。爲此，他們也需要一個典範，而這通常是母親的形象。

同樣的，我們的伴侶關係中也有相同的動力。當我們看見自己的伴侶以不健康的方式做出不成熟的行爲，我們就必須體現與其對應的成熟特質，而不是體現相同的特質，亦不是體現與其對應的不成熟特質。成年人這樣做，便能從最親近的人當中產生健康的陰性與陽性的成熟印記（我們一直都在下意識地這樣做），就如同我們希望孩子透過良好的典範見賢思齊一樣。因此，不論年齡多大，也不管我們喜不喜歡，我們都不斷在彼此學習及影響。在我們的生活中學會運用兩極和二元，就是在學習進化我們的情感動力和特質，從而使我們所有的表達都近乎是健康的。

一旦了解運用兩極的方法，我們就沒必要再害怕它。兩極，特別是情感的兩極，對某些人而言是棘手的，這是因爲他們創造了黑白分明的生活方式，從而深陷在好壞、對錯、悲喜的評斷中。兩極框架可以讓我們洞察自己的痛苦和折磨，從而使它們成爲生命的禮物及成長的工具。不卡在兩極中而動彈不得的關鍵就在於，學會利用二元性、學會體現陽性和陰性的特質及它們內在的兩極。

陽性和陰性的特質

關於陽性是什麼及陰性是什麼，一切以我們的信念和感受爲準，別人不應置喙或說我們是錯的。然而爲了學會運用兩極框架，我們將特質分爲陽性或陰性、成熟或不成熟，而其安排的方式也可以幫助你了解，情感的兩極和行爲的兩極如何能以多種方式積極或消極地運作。這些標籤並非牢不可破的，它們只是用來教導你，面對你這一生出現的任何情感特質和行爲特質，你要如何用自己的方式來運用兩極框架。

成熟的陽性面是智慧、理性、知識及合作。它是我們的安全、界限、是與否；它是洞察力及自由意志的正確應用。

成熟的陰性面是我們生活享受的一切。它是美、音樂、舞蹈和語言；它是我們所能看見、品嚐、觸摸、嗅聞及聽到的一切；它是造化的萬物，同時也是多樣性、同理心和直覺；它是我們對生命的肯定，一個沒有評斷、比較、好壞之念的肯定；它是一切生命的完整表現及接納。

不成熟的自我製造衝突，然而正是這個衝突驅策、促使我們改變、轉化及獲得更深的洞見。當我們能看出衝突中的生命禮物，無論我們喜不喜歡這個過程，我們都會成長、學習及發展。

不成熟的自我讓我們知道，什麼時候某個東西失衡了而我們必須加以注意。只要帶著覺知在成熟的自我和不成熟的自我之間來回，我們就能發展出健康的小我。健康的小我使生活更加美好，同時也讓我們認知到，小我並不是我們眞正的自己。雖然不健康的小我還是能製造快樂的感受，但它總是透過恐懼和受苦來延續「獨立的自我」的感覺。

獨立的自我的最佳形容是：頭腦所體驗的世界。它是以記憶和心理設定來回應這世界、製造恐懼、出於貪婪和生存的需要而對抗或攻擊他人。當我們更常接觸同理心、情感智能、直覺和集體意識感，我們就會知道，獨立的自我只有部分的眞實性，而非眞正的眞相。

兩極框架的基礎

當我們覺得自己處於不成熟陰性面而拖垮自己的陽性面，我們就必須停下腳步而進入成熟陽性面的價值觀和特質——看看我們有多麼不支持自己的陰性面。我們必須問諸如以下的問題：

- 什麼是我本該拒絕但卻接受了？
- 我有哪些地方逾越了自己的界限，或讓別人逾越我的界限？
- 我的陰性面哪裡感到不安全？
- 我學到的心理概念或知識，有哪些沒有應用在生活中？
- 我有哪些地方沒有運用洞察力來選擇最好的結果？

當我們感覺到自己的不成熟陽性面正在拖垮自己的陰性面，我們就必須停下來，並開始聚焦於成熟陰性面的價值觀和屬性以提升我們的陽性面：

- 我們的生活中有哪些地方欠缺啓發、創意和多樣性？
- 哪些地方我們沒有傾聽自己的直覺？
- 哪些地方我們不夠接納自己？
- 爲什麼我們沒有自信的感覺？

陰陽整合課或兩極和二元的運用，簡單來說就是：

1. 體現成熟的一極來提升不成熟的一極。
2. 使不成熟的部分健康起來。
3. 從陰影中學習並改變我們的陰影。

當我們能在自己身上運用陰陽兩極、發展我們的小我、在我們的內在與外在表現及成熟面與不成熟面之間航行、把陰影當作成長的工具時，我們就更能駕馭二元性。

實例

例一：尋求關注

以不成熟陰性面的尋求關注爲例，認爲凡事都與自己有關，於是以一種自戀、只顧自己、自私的方式，認爲凡事都是針對自己而來。

不成熟陰性面的尋求關注，對應的是不成熟陽性面的傲慢。當陽性面認爲凡事都是針對他而來，他就會卡在分裂的狀態，從而更確定自己的傲慢想法是正確的。一般來說，我們越是傲慢就會越尋求關注，不論我們承不承認這件事。

爲了將不成熟陰性面的尋求關注進化爲健康、成熟的自信表現，我們必須將成熟陽性面中與之對應的特質（謙遜）體現出來。

「別再尋求關注就會有自信」，這種說法很輕鬆，但事情可沒那麼容易。這等於是在說：「別再處於不成熟的陰性面，你就會自動地處在成熟的陰性面。」然而事實通常並非如此。正常來說，要達成這件事，我們必須做某件事、學習某個東西或改變某件事。

藉由成爲成熟謙遜的陽性，我們間接地將不成熟陰性面的尋求關注進化爲自信。我們運用兩極和二元來改變或改善自己的處境和理解。因此，透過進入自己的成熟陽性面及成爲謙遜的人，我們就消除了尋求關注的需求，因爲陰性面的尋求關注，其實就是缺少了陽性面的謙遜。

然而，這並不是說我們變得更陽性或更非陰性的。這只意味著我們變得更自信和謙遜。相較於成爲別的東西來改變某樣東西，想透過不成爲某樣東西來改變，其難度會高出許多，幾乎可以說是不可能的事。就如同愛因斯坦說的：「我們無法用當初搞出問題的同一種思維來解決問題。」

當我們使用「陰陽兩極框架」來做出改變時，我們會更清楚地了解自己必須在每個象限做什麼。它通常是：

- **體現**：對應的成熟特質。

- **進化：**成爲同一極的成熟特質。
- **防止：**對應的不成熟特質。

把焦點從造成我們問題的不成熟象限中移開，我們就有更好的機會從中進化。以上述這個不成熟陰性面尋求關注的例子來說就是：

- **我們體現：**謙遜（成熟陽性面），以及其他所有適合我們的成熟陽性面的特質。
- **我們進化：**成爲自信（成熟陰性面）。
- **我們防止：**傲慢（不成熟陽性面）。

如此一來，我們便間接地停止尋求關注，從不成熟的陰性面中跳脫出來。

倘若這聽起來很複雜，請參照解說圖1：陰陽鏡像圖來重新閱讀，直到看懂爲止。這個抽象理論很重要，務必要了解清楚。我們賦予的那些特質和標籤固然有用，然而一旦眞正了解了兩極框架，我們就會開始不假思索地在生活中應用它。我們的頭腦會自動地開始以兩極和二元、健康和不健康、成熟和不成熟的思維方式來思考。我們會間接地遠離好壞、對錯、你是這個而我是那個之類的評斷。

有許多不同的方法可以幫助我們做出改變和體現內在的特質，包括情緒釋放技巧（EFT）、自我催眠和基本的呼吸法。其中一個最簡單的方法是，先寫下你的意圖，然後在早晨對自己說出來、對它進行冥想、做個按摩、去健身房或做瑜伽，並把這段時間奉獻給你的意圖。想像一旦這個意圖實現了，你的生活會是什麼樣貌。

最困難的部分是，在我們運用的那些兩極之中學習我們的人生功課，因爲每個人的生命旅程都是獨一無二的，並且通常來說，每個人的人生功課也都各有不同。讓別人來告訴我們，我們的人生功課到底是什麼，實屬不智之舉，因爲這會剝奪我們學習的機會。在受到身邊這些人啓發的同時，我們也必須自己找出答案。同樣的，我也希望你能受到本書的啓發，並從中找到你自己內在的眞相和意義。

例二：受害者心態

在這個例子中，兩個成熟陽性面的特質都是解決不成熟陰性面的受害者心態的好方法。受害者是不成熟陰性面的表現，對應的是不成熟陽性面的喜愛評斷。覺察一下你是否在評斷、將自己與他人比較，以及這如何把你變成受害者？

爲了將不成熟陰性面的受害者進化爲成熟陰性面的創造力表現，我們必須把成熟陽性面中與它對應的特質（智慧與洞察力）體現出來；然而，對大多數人來說，擔起責任也是個好方法。我們越是能運用智慧與洞察力而不帶評斷（不成熟陽性面），我們就越能感受到創造力。這是因爲陽性面掌握空間並賦予陰性面結構。換句話說，陽性面能包容的現實越大，陰性面能體驗的現實也就越多。

「別再那樣喜愛評斷，你就不再是受害者。」或是：「別再那樣喜愛評斷，你就會有智慧和洞察力。」這是很天眞的想法。事實上，這樣會更難達到我們的目的，因爲我們必須先展現成熟陽性面的智慧和洞察力，才能將不成熟陰性面進化爲她的創造力。同樣的，我們也不能光是說：「別再當受害者，你就能展現你的成熟陰性面的創造力，並瞬間創造出你想要的生活。」對我們大多數人而言，心理學並不是以讓我們成爲別人的需求和創造的受害者的方式來運作的。我們必須利用自己內在的二元性來進化兩極。

透過走進自己的成熟陽性面，我們就更不會喜愛評斷，並且會在作決定之前將更多的現實納入考量。然而，我們最好是藉由成爲某樣東西、而不是藉由不成爲某樣東西來完成這件事。開始體現我們所有的成熟陽性面特質是有幫助的，因爲如此一來，它們便可以互相支持，同時仍將主要的焦點放在我們要運用的特質上——以這個例子來說，就是智慧與洞察力。

當我們以這種方式使用陰陽兩極框架來做出改變時，我們會更清楚地了解自己必須在每個象限做什麼。

- **體現：**對應的成熟特質。
- **進化：**成爲同一極的成熟特質。

- **防止：**對應的不成熟特質。

把焦點從令我們感到棘手的不成熟象限中移開，我們就能有更好的機會從中進化。以上述這個在不成熟陰性面中成爲受害者的例子來說就是：

- **體現：**責任、智慧與洞察力（成熟陽性面）及其他所有適合我們的成熟陽性面特質。
- **進化：**成爲創造力（成熟陰性面）。
- **防止：**喜愛評斷（不成熟陽性面）。

藉由做這三件事，我們就間接地不再成爲受害者。

例三：羞辱

不成熟陽性面中的羞辱，對應的是不成熟陰性面的責怪表現。覺察一下，哪些地方，你會將自己的感受歸咎於自己或他人？哪些地方，你的陰性面會將某個狀況歸咎於你，而哪些地方她會歸咎於他人？

爲了進化不成熟陽性面的羞辱，我們就必須把成熟陰性面中與它對應的特質（同理心）體現出來。我們越是對自己、自己的沮喪和他人有同理心，我們就越能尊重別人的觀點和他們的選擇，而不會認爲他們在找我們的麻煩。我們內在的同理心，其實就是我們的陰性面對我們的陽性面感同身受。我們陰性面的同理能力越強，我們的陽性面就越能尊重自己和他人。

當我們尊重眞實的自己，我們就不會感到羞辱。就某種意義來說，羞辱和尊重是同一個能量，因此當我們聚焦於其中一個時，我們就無法體驗到另一個。高頻率的陽性情感振動（尊重）和低頻率的陽性情感振動（羞辱），都屬於同一個能量，因爲它們是同一極的兩端，就如同冷與熱都是溫度、冰與蒸氣都是水的表現一樣。當我們能以相同的方式看出自己的情緒和心理狀態、看出每個狀況的兩極和二元——除了高低頻率的陽性振動外，還包括高頻率的陰性振動（同理心）和低頻率的陰性振動（責怪）——我們就會越了解那構成我們的生命體驗的整體。

透過不抗拒和不執著，才能讓冰和蒸氣最終還原爲水。同樣的，處理我們的情緒狀態時，不抗拒和不執著通常會對我們有最大的幫助。一旦我們體現這個知識，眞正知道它而不僅是理解它，那些低頻率的能量就不會再以如此負面和抗拒的方式影響我們了，因爲我們不再認爲它們是「壞」的。我們知道，它們不過是能量的暫時性表現，其中也包含了更高振動頻率的理解。

有時候，這個「知識」甚至可以使我們享受那些較低頻率的能量，因爲我們了解整體、看見更多的眞相，而沒有陷入羞辱這個只有部分眞實性的陷阱裡。當我們了解到評斷使我們深陷於部分的眞實性中，而我們的振動頻率可以改變我們的生命體驗，並且我們對此是有掌控權時，我們的人生就會開始轉變。不過，就算我們已經知道並且有更完整的了解，我們還是必須學會穿越二元性的方法，以及如何提升自己的振動頻率。「別再感到羞辱，你就不會再責怪他人了。」光是這樣說眞的很難達到效果。僅僅是停止責怪他人就會對自己和其他所有人產生同理心，這幾乎是不可能的事。我們必須做其他的事才行。

我們不會因爲突然停止成爲不成熟的人，然後就開始成爲成熟的人。這是一個心理上和情感上的學習、自我發現、體現所學的過程。我們必須運用成熟陰性面的同理心特質，來使不成熟陽性面進化爲他的尊重特質。當我們的不成熟感受從不成熟的陽性面被植入、表現和體驗時，盡可能地體現更多的成熟陰性面特質，將不僅是有助於同理心而已。只是在這個例子中，它主要是有助於同理心，因爲那是我們的焦點所在。

例四：傲慢

接下來，我們將以不成熟陽性面的傲慢表現爲例。其表現是輕視或不尊重他人的意見，認爲唯有自己的觀點才是正確的，無論我們有沒有把它說出來。因此，我們會在自己或他人的陰性面中助長不健康的尋求關注、自戀、只顧自己和自私的行爲。

不成熟陽性面的傲慢，對應的是不成熟陰性面尋求關注的行爲。爲了將不成熟陽性面的傲慢進化爲健康、成熟的謙遜表現，我們必須把成熟陰性面中與它對應的特質（自信）體現出來。光是說「停止傲慢就會知道謙遜」是不可能有用的。而透過成爲有自信的成熟陰性，我們就間接地把不成熟的陽性從傲慢進化爲謙遜。因此，透過進入自己的成熟陰性面及成爲有自信的人，我們就消除了陽性面的傲慢需要，因爲陽性面的傲慢，其實就是缺少了陰性面的自信。

- **體現：**對應的成熟特質。
- **進化：**成爲同一極的成熟特質。
- **防止：**對應的不成熟特質。

把焦點從令我們感到棘手的不成熟象限中移開，我們就能有更好的機會從中進化。

以上述這個不成熟陽性面的傲慢的例子來說，我們必須：

- **體現：**自信（成熟陰性面）及其他所有適合我們的成熟陰性面的特質。
- **進化：**成爲謙遜的（成熟陽性面）。
- **防止：**尋求關注（不成熟陰性面）。

如此一來，我們就間接地終止了傲慢。

例五：兩極框架的運用因人而異

我們許多人處理的某些問題並不在兩極框架上，但我們可以自己決定它們的歸類方式。例如：我們可能害羞而難以表現自己，因此想成爲有自信的人。然而，陰性面中的尋求關注（自信的另一極）感覺似乎不是個好方法，因爲謙遜並非解決我們害羞的良方，因此我們就需要不同的方法。別忘了，人人都是獨一無二的，並沒有適用於每個人的唯一答案。在此有兩種選擇：

1. 害羞很類似於陰性面中的焦慮，通常能藉由陽性面中的責任與保有空間來療癒，並賦予我們陰性面中的自由與信任，而這將會消除我們的害羞，並帶給我們更多的自信。
2. 另一種較具爭議性的做法是，我們可以想想看如何讓謙遜變得有相關性。爲了達成陰性面中的自信，我們需要陽性面中的謙遜。然而爲了產生效果，我們必須先做好陰影功課來讓不成熟的部分健康。

透過有意識地發展不成熟陽性面中的傲慢——首先是用不健康的方式，然後再用健康的方式作爲應有的尊重——我們開始給自己更有效利用兩極框架的必要信息。健康的不成熟陽性面能使謙遜更容易達成、消除害羞、讓陰性面的自信呈現，從而將我們的陽性面提升爲自信。「若你感到害羞，就裝成自己是傲慢的人。」這個建議也許看起來有爭議，但只要我們小心地做（並不是眞的成爲居高臨下的樣子或傷害他人），我們便會開始累積不成熟陽性面中所需要的能量。隨著我們探討第十三章兩難的狀況和第三部分陰影功課的更多實例，我們就會了解到，兩極框架的運用並沒有一成不變的絕對方式。

與好友或伴侶一起輕鬆地坐下來，用解說圖討論彼此的問題及如何善用兩極框架，眞的非常有幫助。或許今天的答案會跟明天的不一樣，但是要記住：藉由過程來學習，比任何事或象限的正確性都來得更重要。

2

兩極與二元的區別

觀點決定了我們體驗情境的方式

兩極與二元的差別到底是什麼？以字典的定義來看，兩者的差異不大。從固有的理解來看：兩極是光譜中相反的兩端，二元則是這個光譜的鏡像。它應用於許多方面，並創造了維持現實運作的混亂與秩序。在生活中，我們需要兩極和二元來了解我們自己。當我們了解內在的兩極和二元之間的交互作用，我們便開始更加認識那圍繞在身邊的陰與陽的創造之舞。當我們以健康的方式在每個層面整合了自己的肉體、理智體和情緒體，陽性面和陰性面，成熟面和不成熟面，我們便在自身裡創造了清晰度和一致性，從而讓自己的「高我」、「靈魂」、「一致的/整合之我」等等，能夠爲我們產生最佳的效果及透過我們來運作。我們的直覺、知識和力量會變得更有用。我們越是能看出一切事物中的兩極，也就越能認知到它們的統合、一體和無分裂，此兩者永遠都是真實的。事實上，對某個事物的欲望或對它的排斥，其產生的能量是相同的。例如：

- 責怪、羞辱、同理心和尊重，彼此都是有關聯的。
- 尋求關注、傲慢、自信和謙遜，彼此也有關聯。
- 執著、占有、多樣性和互相依存，都是那反映在二元中的兩極之不同端的同一個能量表現。
- 焦慮、逃避、責任和信任，也是如此。

本書從頭到尾要表達的概念是：情感的價值觀和特質都具有兩極和二元。

當我們對四張解說圖進行研究，我們就會更清楚地了解，從兩極框架的某個象限轉移到另一個象限，其實並沒有任何東西發生變化——從陰性面中的焦慮到信任、從陽性面中的逃避到責任，這些價值觀不過是同一個東西的四個面向。是我們的觀點決定了我們如何從陽性或陰性、成熟或不成熟、健康或不健康的角度來體驗不同的情境。我們體驗情境的方式，完全取決於自己當時的意識層次和振動頻率。所有的能量都有振動頻率，而我們所感知的一切都是能量；意識是能量，我們的情緒也是能量。能量的抽象程度越高，它就越接近一體或整體，因此振動頻率也更高。

高頻率的能量（高意識層次）會比低頻率的能量涵蓋更多的部分。這又是另一種矛盾。因爲就某種意義來說，所有的部分必須涵蓋整體。但從人的經驗來看，這就更好理解了：我們的快樂可以涵蓋痛苦，並且可以從痛苦中產生快樂，而痛苦則很難涵蓋快樂。我們更容易看見高振動頻率涵蓋低振動頻率，而不是低振動頻率涵蓋高振動頻率。

本書的第二部分會對此進行深入詳盡的探討，但其大致的主題是，我們要如何提升自己的振動頻率及擴展意識來涵蓋更多的自己？我們越是了解及體現那些幫助我們提升頻率的方法，我們就會更快地改變自己的評斷。我們會開始明白，大多數爭端的發生不過是人們以不同的角度來看同一件事。當我們與評斷的關係發生改變，並放下那「成爲對的」的執著時，我們便能遠離爭端、進化意識，並且看見及了解更多。

跳脫評斷的限制

二元性是禮物。生命是禮物。由於我們大多數人並沒有想要開悟、超越分裂、超越痛苦和欲望，因此我們必須找到更好的方法來接納及進化我們的二元體驗。其中一個深奧的方法是，運用我們的欲望。許多祕傳的教誨告訴我們，我們必須超越一切欲望來獲得解脫，因爲使我們滯留在這二元世界的就是欲望。不過這往往會導致我們去壓抑自己那些不健康的、低振動頻率的欲望。壓抑和抗拒是反向的吸引力法則——我們抗拒什麼，就會創造什麼。我們要麼在自身之內創造它，要麼就是在自身之外創造它。

以這種方式壓制我們的欲望並沒有幫助，相反的，這會導致更多不健康行爲、犯罪和暴力的大爆發。如同我們在那些實施更開明的法律、提供修復式司法服務和刑罰的國家所見到的，它們的毒品和性犯罪率都下降了。事實上，將我們的欲望轉變爲健康的欲望才是眞正的挑戰。

所有的欲望都有健康與不健康的表現，因此只要我們創造更多健康欲望的出口，我們便可以打造更好的世界。

欲望也與我們的自由意志有關。我們運用兩極和二元時，它是最強大的指引力量，因爲我們永遠都可以有所選擇。陰陽兩極框架能幫助我們更清楚地看見我們擁有的選擇。它同時也幫助我們達到沒有評斷的境界，在這樣的境界中，我們能更深入地看見我們不健康的不成熟面、甚至是陰影所帶來的禮物。它幫助我們打破過去的制約、信念和集體信條。

陰性面與陽性面、成熟與不成熟、健康與不健康之間的循環，爲我們的眞實面貌帶來更多的深度和複雜性。這些循環創造了智慧，並賦予生命更多的意義。隨著我們更深入那些典範，我們會開始發現：成熟並非一直都是好的，不成熟也並非一直都是壞的。透過進入及體驗健康的成熟面、欲望、有時候甚至是陰影，我們便能有最大的成長。隨著我們學會超越評斷的限制，變得可以體驗及接受事物眞實的樣貌，我們便能獲得解脫和自然的一致性，而這對每個人來說看起來都非常不一樣。這個功課的目的不是要使我們變得男女不分（半男半女），而是要讓我們認識及欣賞陽性能量與陰性能量之間的不同，並利用它們作爲促進改變和成長的工具。

改變和成長的三種類型是：退化（向後退）、改革（原地，但有差異）、進化（全新的）。

在兩極框架上，我們到底是處在進化還是改革的狀態，這主要是取決於：我們的狀況改變，並發展出新的觀點、擴大意識覺知、加深我們的理解（進化）；或者，我們的狀況改變，但大部分的觀點、意識層次、覺知和理解還是維持不變（改革）。

退化並非一直都是壞事。只要它是暫時性的，就僅僅是表示：我們在這個意識層次上還有必須學習的東西，或者我們在個人發展方面超越了群體，必須回過頭來爲地球的轉化做出更多的努力。

事實上，還有許多特徵和特質並沒有被納入解說圖中，例如虛僞、幽默、拯救者和救星。此外，我們後續還會討論諸如勇士、愛人、騎士、魔法師、祭師、聖者、國王和皇后的原型。

一旦我們了解兩極框架的原理，我們就會明白哪些特質適合我們個人和我們的狀況，以及哪一極是相關的。對於不同的人、在不同的時間，兩極框架上的那些位置是可以變動的；

只要不是刻意說謊或自欺，任何對我們來說是合理的東西就是最好的。而始終不變的事實是：停止成爲某個東西並開始成爲它的相反（它的另一極），是比成爲它對應的一極和二元更困難的事。例如我們很難：

- 從評斷到洞察力
- 從焦慮到信任
- 從尋求關注到自信
- 從不成熟的陽性面到成熟的陽性面
- 從不成熟的陰性面到成熟的陰性面

我們更可能從一個不成熟的反應到另一個不成熟的反應。

但比較容易的是：

- 從尋求關注到謙遜

• 從評斷到創造力
• 從焦慮到責任
• 從不成熟的陽性面到成熟的陰性面
• 從不成熟的陰性面到成熟的陽性面

從這裡開始，我們可以著手處理二元性來增加我們的成熟特質，還有以下之間的關係：

• 謙遜與自信
• 責任與信任
• 創造力與洞察力
• 成熟陽性面與成熟陰性面，以及發現成熟的兩極的統合，同時從它們各自獨立的存在中受益，也是比較容易的事。

當我們把兩極和二元應用在自己的狀況中，而不單只是應用兩極而已，我們就會更了解自己並更有效地整合。透過認出內在的分裂，以及在陽性面和陰性面之間運用兩極和二元的方法，我們便主動地學會了愛自己。

本書的解說圖給出十一種常見的場景，因此有四十四個特質（其中愛和恐懼出現兩次），另外還有二十個陰影。此外，本書還陸續啓發及暗示更多的特質，而充分利用這個功課的關鍵是：對這個方法保持彈性和創意。

陽性面與陰性面的特質只是作爲一種指引。不論是特質、情緒或價值觀都不應使用二分法，因爲它們大多數都可以透過陽性或陰性能量來加以應用。用兩極的方式來區分特質能有助於自我了解及整合。

在人工智慧（AI）初露曙光的今日，我們會看見人工智慧粗糙地嘗試將兩極框架轉成二進位碼，以促進自動化的情感深度與成熟度，但它將是粗糙又不完整的。我們越是了解這個功課，就會越明白多維度的運作，避免非黑即白的極端，以及聚焦在那使我們保持神祕的多樣統合性的重要。我們內在的情感衝突、錯誤、黑暗和陰影，能使我們學到最多關於身而爲人及自由意志的正確應用。

3 與他人一起使用兩極框架

從不成熟到成熟

我們內在展現的動力，與展現在伴侶關係中的動力是相同的：

- 當她操縱，他就變得愛掌控。
- 他變得逃避，她因此變得焦慮。
- 她責怪，他羞辱。

本書的四張解說圖不僅適用於我們，對於其他人也同樣有效。當我們了解自己的反應式行爲背後的基本機制，知道外在世界只是內在世界的一面鏡子時，我們便可以超越任何在人生中展開的特定故事，並做出能扭轉人生所有故事的根本改變。如果我們的伴侶忽然開始變成受害者，我們不要進入自己的不健康陽性面而助長或攻擊他們的受害者心態；而是在行動或做出反應之前，我們可以先退一步檢視一下自己。此時，我們可以利用解說圖來尋求啓發。

我們必須問自己：「是我那發自不成熟面的行動導致這個狀況嗎？」

如果答案是肯定的，我們就應該想一想，我們的需求爲什麼以及哪一部分沒有被滿足。這麼做能防止我們無意識地責怪或羞辱我們的伴侶——變得焦慮、逃避、以自己的不成熟面和陰影表現來爭吵。

如果答案是：「不，這狀況並非我那發自不成熟面的行動造成的。」那麼，我們應該溫柔地向伴侶指出我們覺得他們的行爲有哪些是不健康的，並從兩極框架中模擬相關的成熟特質。這麼做可以防止我們對伴侶的回應產生負面、防衛性的反應，並幫助他們自我分析及成熟地應答。

非針對性的措詞（從「你就是」到「你現在是」）是微細但強而有力的改變。我們都是具有陰陽兩面的個體，也是彼此的鏡子。我們同時爲自己的伴侶、朋友、同事扮演著多種對應的陽性和陰性角色，因此我們必須開始有意識地幫助彼此進化及成熟，其方法是：

- 了解自己和伴侶（們）內在所出現的無意識反應。
- 利用兩極和二元來映現對方的需要，並從對應的成熟面來體現那些必要的特質，而不論我們或他們的性別。

除了我們必須表現那些幫助他們回到成熟面的特質和行爲之外，爲其他人映現及展現二元性並沒有固定的方式。答案往往一直都在改變。因此發展我們的直覺和內在聆聽的技巧，永遠都是理解另一個人的上上之策。

當我們突然發現自己上演受害者的戲碼，開始尋求關注、說三道四、操縱情勢時，我們就必須運用陰陽兩極框架，而不是處於不成熟陰性面來拖垮我們的陽性面。我們必須反其道而行。我們必須進入自己的成熟陽性面來提升自己的陰性面。我們提升她的方法是：處理我們的內在或外在世界中那些導致她（我們）進入不成熟面和不健康或陰影表現的東西。這是運用兩極和二元的基本前提。

從不成熟的陰性特質走到成熟的陰性特質、從受害者走到創造力、從一極走到另一極，是非常困難的事。但如果我們有意識地運用二元性，那麼兩極之間的移動就會容易許多。

受害者心態

再次舉陰性面的受害者心態爲例。前面我們提到，這個二元性可能是我們內在的陽性面（內在的鏡子），也可能是我們的伴侶或朋友的陽性面（外在的鏡子）。當陰性面處於她的被害者角色中，這一行爲會把我們的陽性面帶往他的不成熟特質。一般來說，他會開始評斷——評斷他這個罪魁禍首或評斷她。這個評斷的舉動，無論正不正確，都會強化受害者心態，就如同上演受害者的戲碼也會強化喜歡評斷的性格一樣。此時，陰性面想擺脫受害者心態的話，就需要成熟陽性面的特質和表現。例如：智慧與洞察力（評斷的另一極），或責任、保有空間和界限（逃避的另一極）。

當一個人獲得智慧與洞察力的幫助，爲自己的現實狀況負起責任，他們就不可能再成爲受害者。內在的陰性面知道，是我們的陽性面造成眼前的現實，如此一來，我們的陰性面就會進入那與受害者心態相反的創造力。處於受害者的意識狀態時，幾乎是不可能有智慧和洞察力的。它們水火不容；它們的頻率不合。因此當對應的成熟面主動出現時，受害者心態不得不變爲創造力，不成熟的特質不得不變爲成熟的特質。

上述的例子就是遵循四張解說圖來運作的，這將有助於我們的理解。不過在現實中，我們每個人都是不一樣的。在某種狀況下，一個人要擺脫受害者心態可能需要的是謙遜、尊重、無私或其他的陽性面特質。事實上，完全遵循四張解說圖並不重要，重要的是：

- 認出自己內在的兩極和二元，並用它來進化我們的成熟和健康的存在狀態。
- 整合而回歸爲一個完整的人，知道我們終究不是這些東西，但同時也是它們全部。

當我們發現自己處於不成熟陽性面的狀態時，我們必須應用相同的方法。我們必須進入自己的成熟陰性面，並且問：

- 我在抗拒什麼？

• 我在推開什麼？

• 關於我自己，有哪些是我不願意接受的？

接著，我們必須學會全然地愛及接納這一部分的自己，不論這需要花多久的時間。我們必須接納自己的痛苦和陰暗面，亦即我們身上那些自己覺得無法接受的部分。正是我們所不接受的那些部分，將我們推向恐懼和不成熟的表現。而唯有接納它們，我們才可能發生眞正的轉化和改變。

要進化我們的陽性面，我們就必須利用成熟陰性面的特質，成爲有同理心、接納一切、展現自信和運用直覺的人。我們必須設法得到足夠的安全感來產生信任。

爲了進化陰性面，我們必須利用成熟陽性面的特質，成爲謙遜又有智慧、具備情感與心理上的平衡、力量、勇氣和正念的人。我們必須能夠尊重一切生命。

透過減少評斷及提升自己的頻率，我們的觀點就會更快地從不成熟變爲成熟。同樣的，如果我們突然變得過於競爭、喜愛評斷或有占有欲，我們就必須檢視自己內在的陰性面，看看我們有哪些地方是沒有完全接納的。看看是什麼使我們進入那些基於恐懼的不健康表現，導致我們缺乏不成熟陽性面的健康表現。我們「爲什麼」會在無意識的層面允許它呢？當我們能看見自己內在的不成熟面並且單純地接納它，它就不會持續得太久。事實上，是我們對自己的不成熟面的抗拒，才使更多不健康的不成熟行爲得以延續。我們都不斷地在經歷這個最基本的成長循環，亦即混亂與秩序的循環。這個循環每一次都深化了我們的知識、認知和理解。對我們的不成熟面、甚至是陰影表達感恩，可以幫助我們成長及體現不評斷的態度。

「不評斷」不再是我們應用的一個概念，而是成爲我們的自然反應。它之所以成爲自然的反應，是因爲我們在發展感恩的能力。那是對我們所有的特質和面向（成熟和不成熟的、健康與不健康的、以及我們的陰影）的感恩。我們內在展現的動力與那展現在關係中的動力是相同的，因此先發展我們與自己的關係很重要。如果我們尚未做好準備、還沒將兩極框架成功地運用在自己的重大問題上，就開始把它用在別人身上，我們就是在冒險地將別人推往他們的受害者心態和不成熟陰性面。

如果我們的善意是出自於自己的不成熟陽性面，我們就會變成像救世主一樣無意識地對自己證明自我的價值，並懷著傲慢來操縱整個狀況和展現自己的聰明。不管我們眞正想幫忙的意圖和欲望有多麼純粹，我們仍會製造出那使他們變成受害者的動力或其他扭曲的互動，以及我們的陽性特質和陰性特質的不健康表現。當我們有能力進入自己的成熟陰性面來進化不成熟陽性面，以及進入成熟陽性面來進化不成熟陰性面時，我們才算準備好與其他人一起、以及爲其他人做同樣的事。

4

意圖與目的

生命的目的會隨著我們需要學習的內容而改變，不同的人對於目的的感受和表現也會不一樣。其中一些例子包括：

- 生命的目的是享受人生。
- 生命的目的是爲了學習靈魂的功課。
- 生命的目的是把恐懼轉變成愛。
- 生命的目的是服事上帝。
- 生命沒有目的，而是由我們自訂目的。
- 生命的目的是……

我們感覺自己的目的是什麼並不是十分重要，但從我們健康的不成熟陽性面來運用邏輯，我們就需要一個目的、目標、計畫或策略，因爲不成熟陽性面喜歡這些東西。人生有目的或任務是有用處的，它可以幫助我們脫胎換骨，它可以在我們覺得自己走錯方向時提醒我們回歸正軌。要記住，我們可以有超過一個以上的目的，並且可以在自己想要的時候加以改變。因此在繼續閱讀本書之前，先爲接下來的練習寫些東西是非常好的。

有一個與生活中某個特定問題或主題相關的意圖，是非常有用的工具。利用陰陽鏡像圖並配合以下的兩個練習，是幫助我們找出這種特定問題非常好的方法。

探索練習

1. 利用陰陽鏡像圖，選一個你認爲自己有的不成熟特質。
2. 寫下這個不成熟特質的體驗，以及它如何影響你和你的生活。別忘了，不成熟並非總是不健康、負面或壞的。
3. 接下來，找出與它對應的成熟特質。舉例來說，如果你選的不成熟特質是陰性面中的「尋求關注」，那麼它對應的成熟特質就是陽性面中的「謙遜」。寫下這個不成熟特質如何表現在你的生活中。你可以這樣問自己：

- 在我成長的過程中，我的父母和行爲榜樣如何示範（或沒有示範）這個特質？
- 我如何在自己所處的文化環境、社交圈、職場和居住的國家中體驗這個特質？
- 我如何定義它？（我們的個人意義通常都是不一樣的。有些人是用不健康的方式來體驗成熟的特質。）
- 這個特質如何展現在我與我的人生伴侶和朋友的親近關係中？

4. 寫下你可以體現這個成熟特質來進化你在第一步中所選出的不成熟特質的方法。例如：體現謙遜可以怎樣幫助你停止尋求關注及變得更有自信？

意圖練習

1. 思考一下，你可以在上個練習中怎樣體現某個成熟的特質，以幫助你進化某個不成熟的特質：

• 寫出你必須放開什麼、放下什麼，以及阻礙你的東西是什麼。

• 接著，寫下一旦你放開那些使你退縮的東西後，你的人生會有多大的不同：

—沒有痛苦的人生會是什麼樣子？

—當我體現這個成熟的特質，我的人生會是什麼樣子？

2. 建立你的意圖和正向的肯定語。它必須是積極的（你想要什麼樣的感覺，以及你想要什麼樣的生活），而不是你想要放開什麼。你的意圖必須與上述那些問題的積極答案接近。以下是一些例子：

• 「我愛自己並接納自己。」

• 「我有把握又有自信。走進任何場合中，我都是輕鬆又優雅的。」

你個人的意圖就是那即將吸引到你生活中的新振動頻率。運用兩極和二元時，正向的肯定語、催眠、神經語言程式學（NLP）、以及那些透過不斷重複的方式來改變心智的其他方法是很重要的。不過，它們只解決了一半。解決之道的另一半是：找出眞實面對自己的方法，讓肉體、理智和情感能夠一致；同時在痛苦出現時，確保我們是眞實、誠實地面對自己，而不是讓痛苦控制我們的想法和意圖。

5 愛自己與接納自己

能全然地接納及愛自己的，是我們的成熟陰性面。她接納我們生活中的一切、所有被我們評斷爲壞的東西、所有我們感到羞愧或希望改變的事物。

我們的成熟陰性面能夠愛我們生活中的這一切，就如同我們可以指望一個母親會愛她的新生兒一樣。

我們的陰性面知道，我們的痛苦和折磨可以爲我們帶來最大的生命禮物，因此她可以很容易地不去評斷。相反的，我們的陽性面無法無條件地愛和接納。

不成熟的陽性面喜愛評斷；成熟的陽性面則具有智慧和洞察力。他要確保我們採取正確的行動來發展健康的小我和獨立的自我感，亦即一個能創造出喜悅、美好和幸福的小我。他無法接受所有的痛苦和折磨，因爲陽性面就是要來改變世界，而不是接納它。

終究來說，陽性面也是全然地接納和愛我們的，因爲他與陰性面整合在一起，但爲了成爲圓滿又完整的人，我們兩個部分都需要：我們必須全然地接納及愛自己，並改變自己內在的事物。

我們會在本書的第四部分討論更多關於愛自己的重要性和方法。

6 關係中的四個面向

在一段關係中，永遠不會只有兩個人，而是有四個人——你內在的陽性面和陰性面，以及對方內在的陽性面和陰性面。社會和主流媒體通常教導我們，我們是不完整的。身爲陰性的異性戀女子，就必須找個陽性的異性戀男子，亦即所謂「我們的另一半」；反過來說，男人也是如此。大家聚在一起來成爲完整的人。在這種關係中，我們無意識地犧牲了自己的一部分，並且失去了成長和自我發展的大好機會。我們必須承認我們已經是完整的人。當我們找到想要在一起的對象，我們是兩個完整的人聚在一起來成爲更棒的整體。

對大多數人來說，我們會受到自己的相反面吸引，亦即那些與我們的內在陽性面或陰性面相似或一致的人。因此，陽性男子會受到感覺起來像是自己的內在陰性面的陰性女子的吸引，陰性女子會受到感覺起來像是自己的內在陽性面的陽性男子的吸引。

我們每個人的陰陽兩極組成非常複雜，因此這個動力也會因人而異。最好的做法是，在大力投入於外在的關係之前，先在自己的內在創造健康的關係。簡單說，現實是一面鏡子，它反映出我們的眞實樣貌。我們生活在一個受到吸引力法則支配的振動宇宙，這在我們每個人的生活中已經一再地獲得證實。倘若你不這麼認爲，那麼請再多深入觀察一下思想和行動跟現實相符合的程度。當我們改變了自己的想法、信念和行爲，當我們進化了內在的陽性面和陰性面，我們的現實狀況也會隨之改變。

當我們實踐這個普遍的眞理，我們就會知道，我們內在的陽性面和陰性面之間的關係越深、越充滿愛，我們就會於外在吸引來更深、更充滿愛的關係。當我們把自己所有的特質和表現都進化爲健康的，我們就會吸引來那些符合我們的健康相反面的人。他們恰如其分地與我們相反，但他們愛自己，因此也會愛我們。

吸引力法則永遠與兩極法則一起運作。由於個體人格的獨特性和複雜性，因此沒有一成不變的規則：

- 有時候相反之物會互相吸引，有時候會互相排斥。
- 有時候相同之物會互相吸引，有時候會互相排斥。
- 通常來說，我們會同時互相吸引和互相排斥，而兩極的表現方式則取決於我們需要學習和整合什麼。

當我們有意識地用自己的自由意志來運用這些法則，我們就創造出更多令人嚮往的體驗和更好的頻率共鳴。

伴侶關係

我們都是完整和獨立的個人，而且一旦我們能展現這一面，人生中所有的關係和伴侶關係都會變得更好；但我們的意識是永遠與伴侶的意識一起連結、學習和進化的，並且會在彼此更加整合的地方產生頻率的共鳴，在缺乏整合之處產生分裂和對立。就這樣，它創造了整合的新機會，而這個整合能在整體上擴展及深化我們的個性和意識。

例一：當我們沒有接納和愛自己

當我們沒有全然地接納及愛自己時，我們可能會吸引來一個其非主要面也不全然接納及愛我們的伴侶。事實上，這是我們的伴侶（或伴侶們）作爲我們鏡子的方式之一。

因此如果我們是沒有全然地接納及愛自己的陽性男子，那麼一個很常見的關係動力是，當我們關係中的女子進入她的不成熟陽性面時，我們會很難接納及愛她。我們看到的是我們不喜歡自己的地方（或我們之前的自己，倘若我們已經下了許多自我發展的功夫）。我們試著想要去愛自己身上那些被我們評斷爲不討人喜歡的部分，然而當我們發現她的行爲（通常很多都是我們的行爲）是不可接受、甚至是不討人喜歡的時候，我們兩者最後都會處在陽性面中。當我們兩者都處於陽性面，很可能就會出現權力的鬥爭。我們內在的一切、所有我們不喜歡的東西，能夠（並且通常會）透過伴侶的不成熟陽性面和陰性面來反映給我們。

惡性循環一

我們的伴侶反映出我們不喜歡或不愛自己的部分，而這會更深地烙印在我們身上，以致我們會變得更不為自己所喜歡，並加強了我們原先想要改變的那些行為。

惡性循環二

由於我們的伴侶反映著我們當時不喜歡或不愛自己的部分，因此我們無法愛那些部分，而它們的新印記也是不討人喜歡的。

為了將惡性循環轉變為良性循環，我們必須使用自己的自由意志，而這意味著兩方都選擇從他們健康的成熟面來行動。在反映我們伴侶的內在陽性面或陰性面時，我們必須將自己獨特的成熟陽性面或陰性面的印記（包括那些曾經對我們的人生造成影響的其他人的最佳印記）給他們。我們就是這樣一起進化的。我們反映著伴侶的陽性面或陰性面的最佳特質、我們所喜歡及欣賞他們的一切、以及我們感恩的事物，同時我們還添加了新東西——我們加上自己最棒的特質來幫助他們產生最佳的進化。

例二：當伴侶沒有接納和愛自己

如果我們全然地接納及愛自己，但我們的伴侶並沒有這樣做，他們在某些地方不夠愛自己，那麼他們就無法與我們的愛自己產生完整的頻率共鳴。倘若他們不健康的小我開始將整個狀況對立化，那麼他們越是愛我們，就可能會開始越不愛他們自己。

例三：當伴侶讓我們心碎

同樣的，如果我們覺得某人令我們心碎，那麼很可能兩極不是用整合的方式在運作。換句話說，兩顆心之間的頻率共鳴發生改變而產生了分化，其中一個人愛得越多，另一個人愛的能力就越少，如此一來，那個覺得自己心碎的人愛得越多，就會越感到心痛，並且往往是採取那種欲罷不能的自我毀滅方式。

擁有我們的內在自我

在「伴侶即是我們的另一半」的範型（paradigm）中，我們可能無法發展自己的內在陽性面或陰性面，因爲沒有人教我們認出它的眞實樣貌。我們可能發現自己好像變成了伴侶。不同的人會根據他們的信念而對此有不同的處理方式。在這個範型中，通常主題會是人們沒有爲自己的內在陽性面和陰性面負起責任。當我們沒有爲自己負起責任，並且沒有認知到那與我們的伴侶相類似的內在陽性面和陰性面（這就是我們會受到伴侶的吸引及受他們巨大影響的原因），我們就會產生投射。我們投射自己的愛和恐懼，並且聚焦於外在的陽性和陰性，而不是內在的。

關於沒有擁有及認知到自己的內在陽性面和陰性面的另一個不利因素是，關係中可能會缺乏多樣性。對於那些沒有子女、沒有許多朋友或同事的夫妻來說，他們會有無法擁有及發展自己獨特性的風險。不論就個人或夫妻的層面來說，他們都在變得更少。當夫妻失去他們的獨立性時，你是看得出來的，因爲他們會開始經常結束彼此的對話，彼此之間也往往會有長時間的沉默。

關係中的許多沉默並沒有什麼不對（對成熟的陽性來說，這可能是一種幸福），然而這對夫妻需要的是更多的兩極、更多創造性的衝突、更多的張力和更多美好的性。這些張力必須是快樂又充滿喜悅的，使他們能更成爲自己；每個人都帶來更多自己的獨特表現，從而使他人也展現更多他們的獨特表現。我們的陽性面與陰性面之間的差異，應該彼此互補及增長。當我們能夠不再分別兩極時，我們要麼是高度進化，不斷地表現那純粹的、已整合的高我；要麼就是我們出了問題。

全世界有那麼多人和社會抱持著錯誤的信念，認爲我們本身尚未完整，並且「需要」其他人來使我們完整，因此有時要擺脫這個信念並不是件容易的事。它就像一個心照不宣的文化信念被人無知地散播著。而應用本書的工具和準則可以幫助我們超越評斷來：

- 了解及改變我們童年時期的制約。
- 更加接納及愛自己。
- 明白我們都已經是圓滿且完整的人。

如此一來，當我們希望有人可以一起成長和學習時，我們也就更容易找到契合的伴侶。

7

單身者的情感和情欲

許多夫妻的行動即使大部分是出自於他們的不成熟面，他們還是可以過著相對快樂和成功的生活。男人在資本主義的環境中可能是非常陽剛、專橫、競爭和成功的。這種人格類型能將他的伴侶完全置於她的陰性面，而當她樂此不疲地說別人的八卦、成爲注目的焦點、花心思操縱他、使他感到嫉妒來博取他的關注時，她會感到極大的自由。事實上，對許多人來說，這乃是成功關係的象徵——金錢、權力、深厚的連結和同輩人的羨慕。

來自不成熟面的行爲不一定會使我們變成壞人，但更常見的結果是，它會使我們停留在彼我分離的狀態，如此一來，我們會以一種幾乎是持續性的反應狀態，出自於我們不健康的小我來過日子。我們大多數的行爲改變將會是我們的小我進一步分離的加強和發展的結果。

雖然有時候我們可能出現來自成熟陽性面的智慧和洞見，有時候可能出現來自成熟陰性面的無私且包容的愛，從而使我們擺脫無意識的反應，但終究來說，我們還是必須進化。

許多人的不成熟面是基於不健康的小我。雖然分離的時刻對我們的成長可能是好的，我們也可能樂在其中，但迷失在裡頭會使我們的成長和進化停下腳步。

單身的時候，通常很難過著快樂的不成熟生活。因爲我們單身時，我們沒有這麼好的鏡子以正面性、讚美、有價值的體驗和腦內化學物質來強化我們的不成熟行爲。當我們是單身的，我們很難找到適合自己所有不成熟和不健康行爲的人。儘管朋友圈能做到某種程度，但更常見的狀況是，我們或朋友的不成熟行爲有些地方是負面的體驗，其中並沒有深厚的連結和滿足感。而當我們是從自己的成熟面來行動時，別人就很容易成爲我們的良鏡，因爲來自成熟面的正面性，並不需要特定的「某種人」以健康又正向的方式來反映它。不過，有些人確實是比其他人更適合我們。

當我們與他人處於親密的關係中時，即使分開了，他們的能量也仍與我們同在。因此，雖然我們的陽性面和陰性面完全是我們獨有的，但我們是與他們一起進化。他們的能量會成長；他們的能量會透過我們與他們的關係來尋找空間。我們與朋友、家人、甚至同事的關係也是如此。當我們與某人有親密的關係或性關係時，這個能量就會增加。要記得非常重要的一點是，儘管我們是圓滿又完整的人，並且我們內在的陽性面和陰性面只是我們獨有的，但在親近的關係中，我們內在的陽性面和陰性面可能感覺眞的像是我們的伴侶就在我們裡頭。從某個觀點來說，他們確實是在我們裡頭，因爲我們會將他們的某個印記吸納到自己身上。

他們反映著我們，而我們透過他們成長，但我們的主要焦點永遠應該放在自己、放在我們的內在陽性面和陰性面上。當我們學會運用他們在我們身上的印記，我們就更容易學會接納及愛自己，從而能夠眞正地愛他們。我們當中有些人可以嘗試並且能從學習單身教給我們的功課中受益，而不一定要離開他們的關係——透過不健康的不成熟面和陰影面的整合，來化解累積多年的共依存症（co-dependency）的問題。

單身者的性課題

當頭腦堅決地決定要單身，聚焦在自我發展上以吸引「更好」的伴侶、一個我們覺得「容易」愛的、更好的自我鏡像（reflection of ourselves），但我們的肉體現在卻想要性、情緒體想要愛，此時一致性似乎是不可能的。然而透過三體（肉體、理智體和情緒體）之間的溝通，讓我們的心知道我們是在選擇成爲更佳版本的自己，所以才犧牲它此刻想要的東西來使它與未來一致，如此，心就能表現悲傷來回到喜悅。然而，心不會完全是悲傷的，因爲對它來說，存在的只有此時此地的快樂與滿足。對心來說，時間並不存在，存在的唯有現在。時間永遠是現在。因此如果我們想要找到一致性、想要擁有快樂的心，學會愛自己是非常重要的。

我們的肉體（我們的性）接著會開始有意識地培養必要的性能量，來吸引未來那位與我們一致的伴侶。我們的三體之間的這個溝通層面能促進內在的理解（如果不是內在的一致性的話）。但三體之間的溝通也可能因爲「爲了金錢結婚」或「爲了小孩結婚」而失效。因此這類狀況很重要的一點是，找到方法來滿足三體的每一體的渴望，同時盡可能地意識到我們會做出那些犧牲的原因。事實上，我們的三體沒有一致，就表示我們無法發揮自己的全部力量。

自我接納和愛自己的運動，是這世界正在發生的驚人且必要的範型轉移，但決定不接受關於自己的某些部分並加以改變，其實也是沒問題的。我們的陽性面不會接受這世上的一切，接納及愛一切的是我們的陰性面，這個平衡對健康的整合和健康的人生來說是不可或缺的。當我們斷定我們不喜歡關於自己的某些部分時，不要因此陷入自我憎恨和厭惡會比較好。但如果陷入這種狀況，我們就應該接受這是人性的矛盾，並避免因自我憎恨而討厭自己；也因此我們選擇單身來等待事情發生改變，直到我們能吸引到可以更開心地相處的伴侶。

在個人的層面，我們可能會說：「我去健身房，我照顧我的身體並改善自己，因為我愛自己。」

在人生中眞正單身或沒有性生活的期間，我們可能會開始注意到自己那些非主要特質的渴望。我們可能會發現自己具有與平常的感受截然不同的性欲，因為我們內在的陽性面或陰性面沒有能透過伴侶來宣洩的出口。因此，那些潛意識的想法和渴望就會開始變得更能被我們覺察到，同時我們也會開始看出自己內在互相衝突的那些對立。單身也可能造成我們的肉體、理智體和情緒體之間的不一致，因為要遵從那些互相衝突的渴望是有難度的。

在這些狀況下，要處理我們的性欲和情感的渴望並非總是容易的。對大多數人（如果不是我們所有人的話）而言，不論結婚或單身，性欲的課題是我們一輩子都要學習的，因爲我們可以用性欲來產生能量。伴隨著幻想的性能量可以幫助我們進化——關鍵在於把焦點放在能量上，而不是內心的幻想，但同時又能利用內心的幻想和對立來幫助我們進化自己的心理及增加我們的能量。我們主要關心的是能量，因爲能量會放大我們對吸引力法則的使用，從而放大在生活中吸引來我們專注之物的能力。

單身的時候（如果你現在不是單身，就運用一下想像力和過去的經驗），問自己以下的問題是有幫助的：「我們的性欲和渴望是何時及如何顯現的？更重要的是，它們何時及如何顯現爲與我們有意識的渴望截然不同的東西？」

有時候，這些幻想可能感覺很變態，或是跟支配、順從、男同性戀或女同性戀有關，因此我們不讓自己去眞正體驗、甚至不承認它們的存在。然而當我們了解到，它們是源自我們內在陽性面或陰性面那些受到壓抑、不健康的不成熟欲望，只是我們現在沒有伴侶可以投射它們時，我們就會更容易接受它們。

就算我們是一個想要吸引陰性女子的陰性女子，我們內在陽性能量的程度和類型也會影響我們吸引來的那個伴侶，以及其內在陽性能量的類型。因此，以我們想要得到的結果的方式來培養它是很重要的。

在運用一般的性欲和幻想時，如果出現眞正的排斥（這個排斥不是源自於罪惡感、對於同性戀的羞恥或類似的欲望，而是眞正的排斥），並且感覺「這是錯的」、「這不是我」、「這不是我想要的」，那就可能必須看看我們的三體或我們的心、性和頭腦有哪個地方不一致，因爲這表示我們排斥的那個能量仍在我們裡頭滋生著。我們用來吸引未來伴侶的就是這個能量。因此，我們會吸引某個與自己不健康的不成熟欲望相匹配的人，而不是那些與我們健康的不成熟欲望相匹配的人。

性能量和幻想

一旦我們了解情感上和性方面的對立（通常來說，我們壓抑的性欲即是那些用來銘印在我們伴侶身上的欲望，他們會改變及進化它們，然後再將它們放回到我們身上），我們就會開始更容易接納自己所有的性面向（如果我們尚未接納的話）。

在從性能量和幻想中獲得啓發的過程中，記住這一點是有幫助的：與自己（我們的陽性面和陰性面）發展一段健康、充滿愛的性關係，是我們能爲幸福的生活和吸引伴侶所做最棒的一件事，因爲我們是在培養與我們的高我相一致的性能量和幻想。但如果我們有許多未被表達的、壓抑的、潛意識的性欲，它們就更可能變成不成熟的欲望，並產生諸如捆綁、支配、施虐和受虐之類的不健康幻想。這些幻想的意義對每個人而言都是不一樣的。但如果我們有鞭打、鎖鏈、奴役、捆綁之類的幻想，請試著記住：要吸引夢想中的伴侶，我們就必須維持自己的主權，並在自己黑暗陰影的幻想中找到健康的欲望，從而下功夫去了解及轉化本書第三部分中所討論的內容。

了解黑暗陰影的幻想較健康的面向，並將它們銘印在我們內在的陽性面或陰性面中，將有助我們吸引完美的伴侶，因爲這是我們能給他們的禮物之一——我們的性欲的完整光譜（包括我們的陰影），但它們都是已經療癒、有意識及成熟的。至於其中是否包含捆綁、支配、施虐和受虐的面向，完全是我們的選擇。不過，了解任何特殊癖好背後的靈性衝動總是明智的，因爲透過了解這些，我們就會了解我們自己以及我們的獨特性等等。

當我們知道利用性的陰影欲望和幻想的方法，它們就會變得非常有力量。重要的是，別在自我了解和陰影功課的旅程中迷戀它們。倘若我們已經單身很久或受到寂寞的傷害，那麼我們可能懷著虐待自己或他人的幻想（不論是否涉及到性）在陰影中走過頭了。個人陰影的顯現方式可能每個人都不盡相同，這取決於包括心理在內的許多因素。然而應用某個抽象的觀點，並觀察自己內在陽性和陰性的動力產生陰影的方式，能眞正幫助我們擺脫它並了解它要教導我們什麼。稍後我們也會對陰影的一般運用進行探討。

用兩極來檢視性幻想的時候，很少是一次到位的。我們可能必須多次使用兩極和二元來探索內在的自我才能找出我們的眞相，即使這個眞相可能只有短暫的片刻。

開放式關係

那些大多是從自己的成熟陽性面和陰性面來生活的人，會比其他人更有可能選擇單身、禁欲或發展出「成功的」開放式或多重伴侶的關係。但對這些人當中的許多人來說，多重伴侶的關係可能不是正確的選擇。這些關係可能造成許多不成熟陽性面和陰性面的場景，它們對長期的發展和成長來說可能是好的，但如果我們不願意或沒時間去做內在的功課，那麼結果可能會非常糟。

我個人的看法是，在展開這趟旅程前，你需要一個實踐開放式關係的群體（實體或線上的），而這個群體已經經歷過關於執著、嫉妒、占有等問題的文化轉變。

那些唯有情感上的多重伴侶關係（只有一個性伴侶，但與許多人有純精神的戀愛關係）的人，或那些愛情忠於一人但在外有不涉及感情的性關係的人，其開放式關係的成功率會更高。然而從我們的內在陽性面和陰性面的觀點來看，要與多人都有性與情感上的親密是非常困難的。

8

成熟陰性面扮演的角色

我們的不成熟面可能是健康的，也可能是不健康的。通常來說，女人會更容易產生相對健康的不成熟陽性面，因爲其性別連結到她們的不成熟陽性面的集體信條和期待比較少。男人可能有更多來自童年和社會制約的不成熟陽性面的不健康行爲，因爲不成熟陽性面控制著我們社會的大部分，並且傳統上，男人有責任去擔負那些與不成熟陽性面相關的任務。

一般來說，我們所有人都更容易進入自己的成熟陰性面，其中幾個常見的原因是：

- 當孩子出生，不論性別，成熟陰性面的特質都是在陽性面之先，爲人母先於爲人父。
- 關於療癒自己，成熟陰性面是接納，而透過接納及愛自己，我們舊有的痛苦和創傷才能轉化。

- 當我們有許多的痛苦和創傷時，陽性面可能幾乎會被癱瘓，直到我們的成熟陰性面能夠開始接納及愛我們的整個自我。因此一般來說，陰性面會比較先成熟，從而讓我們在採取行動之前先接受該狀況。
- 眞正的療癒和轉化是透過接納而發生，少了它，我們就不可能療癒。成熟陽性面會在不成熟陽性面評斷的地方應用洞察力、智慧和了解。他選擇正確的行動並付諸實現。與我們的成熟陽性面一樣重要的是，他沒辦法無條件地接納我們的痛苦和創傷來轉化它，因爲無條件地接納是我們的陰性面扮演的角色。

在那些支配我們的社會和集體的結構中，成熟陰性面比成熟陽性面被反映得更多，而不成熟陽性面則是最具主導地位。成熟陽性面威脅到許多維持當前社會運作的思維方式，而那透過母親身分表達她自己的成熟陰性面，則幾乎在社會的每個領域中都被更廣泛地接受和鼓勵——鼓勵有愛心、創造力、藝術性、自我肯定和自信。成熟陽性面的父親身分的表現散見於某些宗教、新時代和進步的文化背景，而運動、政治、歷史、酒吧、夜店、電視、電影和媒體則全部受不成熟陽性面的支配——不健康的不成熟父親與陽性面的陰影。不成熟陽性面是我們的社會典範，它包含許多全球性的問題——占有和奴役、囚禁、暴力、偏見和種族歧視、理智掛帥、競爭、好戰、獨裁。

觀察一下獨立、合作、謙遜、無私、崇拜和責任，我們會發現，許多人已經受到制約而負面地看待成熟的陽性面。那麼，我們如何把不成熟的陽性世界改變成平衡、整合、健康的成熟世界？在集體的規模上，陰性面必須變爲成熟來幫助不成熟陽性面進化。換句話說，每個男女都必須發展他們的陰性面來傾聽自己的直覺以及信任，透過接納來寬恕過去及療癒創傷，最終走向無條件的愛與慈悲。國家之間必須寬恕彼此，如同城市、城鎮、社區的各方也彼此寬恕一樣。某些群體中的種族歧視、宗教正義和其他偏見的集體價值觀，必須從陽性的陰影中轉化。

當世界的某些面向好像變得過於溫柔和陰性化，而其他面向像是活在地獄中，此時，最適合我們去觀察這狀況的兩極和二元。我們可以看看自己在更廣大的世界中所感受到的差異如何反映在我們的生活中。我們必須反觀自己，並且問：「我們的陰性面只有在情況良好、快樂又安全的時候才處於成熟的狀態嗎？」如果答案是「肯定」的，那麼就接著問：「我們的陰性面是否正在進入不成熟的狀態、進入發自恐懼的反應、進入那些我們不想要的體驗，從而在這世界的其他地方製造出這些狀態、反應和體驗？」

從非二元的觀點來看，「這是他們，又不是我」之類的說法是沒什麼道理的，因爲生命是一面鏡子，萬事萬物都是互相連結的。眞正合理的做法是，去發現自己的內在有什麼東西是不一致的，然後用我們的陽性能量和陰性能量的兩極來療癒它。

我們可能很難問自己上述的問題，而那「肯定」的答案正是現今世界如此欠缺成熟陽性面最主要的原因之一。因此要反覆地問這個問題：「我們的陰性面只有在情況良好、快樂又安全的時候才處於成熟的狀態嗎？」

解說圖 2：陰陽進化圖

成熟陰性面

自信
多樣性
同理心
對陽性奉獻
包容心，以他人的快樂為樂
直覺
接納
創造力
自由與信任
療癒
愛

進化 →

不成熟陽性面進化為成熟陽性面

傲慢 → 進化爲 → 謙遜
占有 → 進化爲 → 互相依存
羞辱 → 進化爲 → 尊重
支配陰性 → 進化爲 → 崇拜陰性
自私與貪婪 → 進化爲 → 寬宏大量與慷慨大方
透過理智切斷關係 → 進化爲 → 情感與心理上的平衡
競爭 → 進化爲 → 無私
喜愛評斷 → 進化爲 → 智慧與洞察力
逃避 → 進化爲 → 責任、保有空間和界限
無意識 → 進化爲 → 正念
恐懼或缺乏愛 → 進化爲 → 愛

成熟陽性面

謙遜
互相依存
尊重
崇拜陰性
寬宏大量與慷慨大方
情感與心理上的平衡
無私
智慧與洞察力
責任、保有空間和界限
正念
愛

進化 →

不成熟陰性面進化為成熟陰性面

尋求關注 → 進化爲 → 自信
執著 → 進化爲 → 多樣性
責怪 → 進化爲 → 同理心
操縱陽性 → 進化爲 → 對陽性奉獻
嫉妒與怨恨 → 進化爲 → 包容心，以他人的快樂為樂
過度情緒化及宣洩 → 進化爲 → 直覺
消極抵抗 → 進化爲 → 接納
受害者 → 進化爲 → 創造力
焦慮 → 進化爲 → 自由與信任
無意識 → 進化爲 → 療癒
恐懼或缺乏愛 → 進化爲 → 愛

解說圖 3：陰陽退化圖

成熟陰性面		不成熟陰性面
自信 多樣性 同理心 對陽性奉獻 包容心，以他人的快樂為樂 直覺 接納 創造力 自由與信任 療癒 愛	退化 →	尋求關注 執著 責怪 操縱、勾引及控制陽性 嫉妒及怨恨 過度情緒化及宣洩 消極抵抗及嫉妒 受害者心態 焦慮 無意識 恐懼

成熟陽性面		不成熟陽性面
謙遜 互相依存 尊重 崇拜陰性 寬宏大量與慷慨大方 情感與心理上的平衡 無私 智慧與洞察力 責任、保有空間和界限 正念 愛	退化 →	傲慢 占有 羞辱 仇視、支配及壓迫陰性 自私及貪婪 透過理智切斷關係 競爭 喜愛評斷 逃避 無意識 恐懼

9 不健康的成熟面

有時候，我們是以自己的「成熟自我」相關的那些特質來行動，但其實我們是不健康的，同時也在損害自己。舉例來說，成熟陽性面中的謙遜可能以非常不健康的方式表現出來。也許我們一直胸無大志、沒有活出自己全部的潛能、沒有爲建設一個美麗的新世界貢獻一己之力，只因爲我們想要謙遜。這種做法對我們自己和這世界是有害的，因爲謙遜的意義不應該是犧牲自己和不盡己所能。事實上，唯有我們確實盡力了，才有眞正的謙遜可言。

我們最棒的事物可能來自於無私，但很少來自於犧牲。成熟陽性面不會因爲想要謙遜而認輸，並讓不成熟陽性面拿走所有的金錢、名聲和權力。事實上，這是虛弱，不是謙遜。但成熟陽性面絕對不是虛弱。保留自己的能量而不涉入口舌之爭（這是會將我們拉進自己的不成熟面的操縱工具），跟虛弱有著天壤之別。但即使在這些狀況中，成熟陽性面也必須想辦法採取那些能幫助不成熟面和整體進化的行動。

成熟陽性面不需要傳統意義上的爭鬥，但他必須贏。而成熟陽性面唯一的勝利場景就是雙贏。

在這不健康成熟面的謙遜場景中，同時也存在著他的陰性面進入她的不成熟陰影的風險，因爲當陽性面過於「謙遜」時，不成熟陰性面就可能有「尋求關注」的渴望；但如果陽性面保持在他的成熟表現中，她那沒表現出來的被關注的需要就會變成她的自我傷害陰影（我們後續會討論陰影的兩極）。

接下來的這一部分，如果能配合列印一張陰陽鏡像圖來閱讀的話，將會非常有幫助。以下的兩個例子是要說明我們的成熟特質爲何會變成不健康，以及這經常會於我們的內在產生陰影面的原因。這非常的複雜，因此如果你看不懂的話，就請讀兩次。還有別忘了，這兩個例子都發生在同一個人身上，這個人是一位男士。

1. 不成熟陰性面的「尋求關注」反對成熟陽性面的「謙遜」。因此，倘若我們的陰性面看見陽性面不健康的謙遜，她會想要把陽性面移向他的「傲慢」的不成熟行爲。這可以視爲一件好事，因爲她想保護他免於不健康的謙遜帶來的傷害。她想要他拿走他應得的，並接受他的行動所帶來的榮譽、讚美和權力；她想要陽性面學習應得的尊重（當她覺得他還沒爲謙遜做好準備時，把傲慢轉變爲它的健康表現）。但如果她無法將他移向那使他擺脫謙遜的不成熟表現，這就表示她可能進入自己對應的陰性面陰影（自我傷害）來產生平衡。

2. 另一個不健康的成熟陽性面的表現可能透過無私而發生。這免不了要因爲我們的高尚期待而捨棄非常多的自己，結果我們變得更少，而能給這世界的也更少。陽性面已經長得比他那些不健康和不成熟的競爭表現還大，但他尚未完全學會保護自己。這可能是他的財力、能量或身體（如果他允許自己的體格變差），而導致其被不成熟陰性面的陰影接管。不成熟陰性面的「消極抵抗」反對成熟陽性面的「無私」，或任何你覺得符合的不成熟特質，因此她想要把陽性面帶回到他的不成熟的「競爭」特質。這可以視爲一件好事，因爲她想保護他免於不健康的無私。她想要他更深入不成熟面的功課，同時還能爲他的所需進行爭鬥和競爭。他可能進入不健康的競爭，或者他可以進入健康版的競爭，在一個團隊中工作，並且總是使他的敵人更強大——儘管對成熟的陽性面來說並沒有眞正的敵人存在，而僅有那些需要他以某種方式行動的生命狀態。

通常而言，他不會想讓任何人處於比開始時更虛弱的位置，因爲這樣做違反了成熟陽性面的本性，並且這只意味著他未來生活中能面臨的挑戰變少了，最終他的發展和進化的潛力也被限制了。從陰性面的觀點來看，她覺得他尚未爲無私做好準備，並且有更大的功課要透過競爭（健康的競爭、健康的不成熟面）來學習。如果她無法將他移入他的不成熟面來學習這些功課，那麼她可能進入她對應的憎恨與刁難的陰影。因爲他，這個男人，無法體驗他不健康的無私所造成的消極抵抗的傾向。因此，現在有一部分的陰性面是從怨恨、憎惡、刁難的不成熟陰影來行動，同時成熟的陽性面也表現出不健康的無私。

這可能發生在意識或潛意識的心靈中，而且除非這男人的生活發生改變，或是他認知到它並且選擇改變它，否則它永遠都是這個樣子。

將事情視爲針對個人而來

如果我們將某事視爲針對個人，那麼通常會發生兩件事：

1. 我們溝通的對象活在自己的戲碼中、處於他們的不成熟面、完全與我們和集體意識失去連結。倘若此時我們沒有看出及接納這一點，我們也會從自己的不成熟面行動，因爲我們把它看成是針對自己而編造了劇情。我們在子虛烏有的事情上自編自導。因此，我們一開始就不該把事情視爲針對自己。

2. 我們覺得別人針對我們而來的那個攻擊行爲，其實被壓抑在我們內在的某處。透過認知到這一點，以及在內心下功夫轉化它，我們就間接地在它們裡頭和集體意識中改變它，從而不再吸引它。這通常簡單得像是：

- 認出別人是我們的鏡子；
- 然後爲自己的感受和行爲負起責任，不論別人說什麼和做什麼，或是沒說什麼和沒做什麼。

當我們把某件事視爲針對個人時，我們就會「反應」；而當我們自己負起責任時，我們就會「從正念來行動」。

在第二個場景中，當我們把某件非恭維或非欣賞之事視爲針對個人（這種情形最好是用感恩和不執著的心態來接受），我們就可能從自己的不成熟面來行動。

我們的不成熟陽性面特質有：

- 傲慢（任何事都與我有關）
- 占有（他們從我這邊竊取）
- 羞辱（羞辱自己或非得羞辱他人作爲報復）
- 喜愛評斷（評斷，並將自己的觀點與他人比較）

我們的不成熟陰性面特質有：

- 尋求關注（把事情視爲針對自己而編造劇情，即使是負面的也能產生刺激感）

- 執著（他們的看法損害我的地位和我珍視的東西）
- 責怪（責怪別人或責怪自己）
- 受害者心態（覺得被他們的觀點攻擊）

以上所有的狀況都表示我們的不成熟面有某件事要學習、有某個地方要成長、或人格中有某個東西要深化。我們必須不去抨擊自己，並且了解到，當我們觀察到我們把事情視爲針對自己時，我們已經走在不把事情視爲針對自己的半路上了。一如往常，如果覺得自己被困住了，我們就可以拿出兩極框架的解說圖，來了解我們狀況中的兩極和二元是什麼樣的情形、能夠學習什麼功課，以及我們的內在有什麼東西想要改變。

戰爭、和平與自由

當我們設定某個意圖時，最好是能夠明白，和平與自由的意圖雖然很美好，但它們並非一直都是有幫助的。當我們的意圖是和平與自由時，我們通常會更聚焦在逃離我們不想要的事物上，而不是明確地承認問題是什麼。我們的潛意識被鎖定及聚焦在那想要逃避的事情上。

身爲在這個進化點的人類，當我們擁有和平卻不曉得想用和平來做什麼時，我們通常就會開啓戰端和爭執來幫助了解我們想要什麼。

戰爭與和平是兩個極端，而戰爭給予我們必要的阻力來了解我們自己。由於暴力會降低我們的振動頻率及中斷我們的進化，因此重新架構及理解那作爲必要阻力的戰爭、吵架和爭執的需要是很重要的，如此一來，我們才能開始駕馭那些來自我們與自己或他人的衝突的好處。

當我們擴大了覺知，我們就不再需要與敵人爭鬥；相反的，我們會以一種能賦予我們必要的阻力來發展、成長及變得強大的方式來與朋友一起合作。我們的朋友越有抵抗力和恢復力，我們也就越有抵抗力和恢復力。關鍵在於以有建設性、有意識和充滿愛的方式來導入這如戰爭般的能量，即使在這過程中有所傷害和破壞。想把戰爭的概念從人類中移除是毫無意義的，但看見戰爭的另一極是我們對和平的渴望，這就表示我們能爲戰爭的概念建立一種健康的、非暴力的關係。從二元的超越觀點來看，我們的生活需要恐懼才能了解愛，我們需要戰爭或阻力才能知道我們想要什麼；換句話說，我們爲和平做好了準備。

同樣的，如果我們有自由，但沒有活出自己全部的潛能，或者缺乏有意義的人生目標，那麼我們最好能期許某位我們尊重和信任的人來限制我們及拒絕我們，而這個人關心我們並且願意傾聽我們的回饋。對自由的限制通常能使我們找到自己所想要的東西——別人從我們身上拿走某樣東西的那一刻，我們才知道自己擁有什麼及想要什麼——我們產生一個目標、目的、熱情，並且確定了什麼東西是値得我們爭取的。加拿大民謠音樂人瓊妮．蜜雪兒（Joni Mitchell）的一首歌的歌詞道出了這個事實：「失去時，你才知道自己擁有什麼。」

知道自己擁有的一切事物的眞正價值，這樣的人生當然是更好的。然而，有些人必須失去東西後才會明白它的價値，從而再次爭取它並眞正地欣賞它。因此，我堅決地建議，設定意圖時不要說「我要和平」或「我要自由」，因爲在靈魂和靈性的層面，我們早已擁有這些，並且能透過靜心和靈修短暫地體驗到它們。但生活在這活生生的二元世界，我們要聚焦的問題是：

「有了和平，我會做什麼？除了和平之外，我還想要感受什麼？」以及：「有了自由，我會做什麼？我要我的自由做什麼？」

因此，欣賞及感恩我們所擁有的一切，我們人生中的戰爭和限制就會越少。而發生戰爭、爭執和衝突時我們也不必害怕，只要將對方視爲教導我們功課的朋友，把每個衝突的行爲都視爲一種使各方都變得更爲強大的強制手段。所有的男人都是我們的兄弟，所有的女人都是我們的姊妹。

10 使不成熟面健康

如同克萊爾．葛雷夫斯博士（Dr. Clare Graves）和唐．貝克（Don Beck）在《螺旋動力學》（*Spiral Dynamics*）中所描述的，文化進化的動力，顯示我們如何集體地持續透過表現自己、犧牲自己、表現自己、犧牲自己的循環來移動。從「我」到「我們」，再到「我」，然後回到「我們」。

我們的成熟面和不成熟面的表現也以非常類似的方式運作。只要我們與其他人還活在這二元的世界，我們就必須進入不成熟的自我來讓進化持續進行。但在更基本的層面，爲了讓對話和友誼持續前進，使用兩極框架的目標並不是要我們一直活在自己的成熟面中，而是要使我們的不成熟面健康。爲了使我們的渴望和意圖變得健康，我們就必須在生活中維持平衡與二元的清晰感受。我們的成熟面是從不成熟面進化而來，因此，我們越是認識及了解自己的不成熟面（通常更重要的是我們的陰影），我們的成熟面就會越有深度。

以一個女人的不成熟陰性面爲例

女人可能長大成爲非常有成就和有自知之明的人，然而當她檢視自己不成熟陰性面的特質時，她那些健康和不健康的特質都不會太明顯。她的陽性面（成熟與不成熟的）可能爲了補償不成熟陰性面的欠缺而發展過度，導致她幾乎不可能發展及提升成熟陰性面的特質。

不成熟陰性面可能藉由外在的來源而凸顯在她的生活中，因爲生活會透過別人來把我們堅決排斥和抗拒的東西反映給我們。因此，我們越是於內在排斥或抗拒某個東西，我們就越會在外面看見它；或是在某些情況下，我們會懷著罪惡感和羞愧而越渴望它。也許不成熟陰性面會透過她的女兒或朋友在她的生活中製造問題，但她同時也看見不成熟陰性面在別人的生活中帶來了成功，不論她是如何評論他們的那些成功。她的女兒或朋友似乎都藉由說三道四、成爲關注的焦點、小題大作、宣洩和大哭而得到他們想要的東西。此時，這女人能做的最有幫助的事情是，想辦法欣然接受她的不成熟陰性面，因爲沒有了它，她的成熟陰性面將會爲創造深度、擁有同理心、靈感啓發或創造力而苦苦掙扎。

陰性面的匱乏意味著透過兩極和二元，她的陽性面也在受苦——她的成熟陽性面過了某個點將無法成長，因爲他的成長必須與陰性面的表現相關聯。爲了進化他的理智和情感信息之間的平衡，他必須體驗更深層次的陰性面的創造力和直覺。

這並不是世上最容易的療癒法，因爲恐懼和眞正的風險都可能發生。譬如說，這女人可能非常擅長使用吸引力法則，因此擔心她會因爲渴望它而將負面的戲碼吸引到自己的生活中。事實上，她吸引它是爲了療癒她的不成熟陰性面；但是她害怕吸引意外、傷害她愛的那些人或甚至更糟，以脫胎換骨的方式扮演她的戲碼，或是嚴重迷失在她的不成熟陰性面中而作出不理智和糟糕的決定。不成熟陽性面可能會把發展不成熟陰性面的概念合理化，因爲他很難理解那些似乎互相矛盾的答案。

這女人修正她生活中的問題的最好機會，就是誇大並玩味她的不成熟陰性面，以有意識的方式將它帶出去。健康和不健康的、光明和黑暗的，以及陰影。這將使她對自己和他人有更好的了解，同時她也會發現，與朋友相處或交新的朋友變得更容易了，因爲她更能接納他們的不成熟陰性面的缺點，亦即她之前在自己身上所排斥的那些缺點。她同時也會透過體現不成熟陰性面的過程，而發展出惻隱之心和同理心的新深度。

健康的體驗受害者心態

每當受害者的感覺出現時，別按照常規立刻運用兩極框架——成為有智慧與洞察力、負起責任、保有成熟陽性面的空間和界限的人。這女人可以先試著玩味及體現她的受害者心態，而不必真正「成為」一個受害者。她的受害者體驗需要更多的信息和深度來進化為成熟的陰性面，因此她需要給生活的這個領域更多的空間和能量。

創造力是建立在受害者心態的超越上。藉由了解不成熟陰性面中的受害者心態和焦慮，成熟陰性面就能有更多的同理心、自由、信任和創造力。換另一種說法就是：「我們為自己的熱情而受苦。」

上述這句話說的就是我們例子中的女人，因為她知道了不成熟的兩極的信息，並且體驗了它們，也更了解它們，即使她不再專注於此。但如果她從未真正專注於它，那麼花時間在她的不成熟陰性面，以及從此處以一種無傷害、甚至是快樂的方式學習「為她的熱情而受苦」，會是她所能做的最明智的事。本書後續會探討理解我們的受害者心態之體驗的更健康方式，因為無論你喜不喜歡，這都是人生的一部分。而當我們對受害者心態有更多的理解，我們就更容易利用我們的能量，並將它導入更成熟的生活方式。例子中的女人也可以透過以下的方法來玩味那一直被她評斷為壞事的說三道四的渴望：

- 注意透過培養這個說三道四的「負面」渴望並依之行動，創造出什麼樣的能量和結果？
- 以及之後有什麼樣的「正面」影響是除此之外無法獲得的？

上述兩個問題是頗具爭議性並引人深思的。然而當我們在生活中需要更多的健康和深度時，我們必須找那些不會造成真正的傷害、非惡毒、但仍會創造能量的「負面的」不成熟行動，並利用它們來為自己的生活和這世界帶來積極的改變。每當出現想要操縱、勾引或宣洩的欲望時，這女人就可以藉由探索它及運用心理設定，直到她渴望著勾引的力量和宣洩的情感衝動而從中受益。

學會於自己的內在創造及增加情感能量的方法，是一種強大的工具和生活技能。也許她決定去操縱、勾引和挑逗某個男人或她的丈夫，用她的健康欲望去控制他，從而最後得到她眞正想要和需要的。在此再次強調，本書並不是在說這種行爲是良好、正確或甚至是妥當的，而是對這女人來說，這是她感到良好、正確和妥當的唯一方式和潛在需要。總之，對我們大多數人來說，這就是我們的潛意識心靈一直在做的事。不過一般而言，我們都是透過不健康的手段，因爲我們並沒有意識到自己在這樣做。

如果這女人喜歡狗，但她知道自己由於工作和其他事情而無法養狗，那麼她可能回家告訴她的丈夫，她想要一隻小狗。她必須變得完全執著在想要一隻小狗的情緒和渴望來展開一場爭執，並進入自己想要某個東西但別人不讓你擁有的劇情裡。通常來說，在某個時間點，讓人們知道你這樣做及其原因是很好的，否則他們眞會送你一隻小狗作爲禮物。

懷著想要一隻小狗的欲望演戲到極致，這樣演了幾天之後，這女人就會獲得她所欠缺和需要的不成熟陰性面的相關信息。當她感受到情感層面的不自由、感受到了阻力和限制，她就會得到某種信息和能量來導向其他的事物。

11 評斷、知曉、洞察力的區別

評斷不是壞事，它只是不成熟，而不成熟是我們的進化所不可或缺的。覺察我們何時從自己的不成熟面行動，可能會被視為一種評斷，但如實地觀察某物與評斷某物之間還是有區別的。

知曉（knowing）是洞察力的更高振動頻率，而洞察力是評斷的更高振動頻率。評斷、洞察力和知曉其實是同一個東西，只是振動頻率不一樣。使用洞察力時，我們是從自己已知的事物來作選擇的。這表示我們已經學到關於評斷和其他不成熟特質的功課，或者我們是汲取前人（朋友、老師和我們信任的人）的智慧來影響我們的人生。

當我們的行動和選擇感覺像是來自更高的觀點，而我們卻毫不費力、也不必經過思考，這是因為我們已經學會自己不成熟面的功課。我們已經整合了自己的不成熟面。我們已經在自己的肉體、理智體和情緒體中產生足夠的一致性，從而能在任何時刻「知曉」什麼對我們來說是正確的。這就是爲什麼了解以下的事實非常重要：眞相是可能改變的；在某個時刻是正確和眞實的東西，在另一個時刻可能就不是了。不成熟的心靈和不健康的小我可能很難接受眞相竟然是隨時可能改變的。然而透過實踐，我們能向自己證明這是眞的。內在的知曉來自於我們生命另外九成的部分，而這個部分既不是我們有意識和理性的心靈，通常也不是我們的潛意識心靈。

我們越是能夠自我信任，也就越能進入無意識——我們還不知道的部分。所謂進化，就是讓我們的無意識和潛意識成爲有意識的。記住以下這點是有幫助的：我們越是變得有意識，我們的無意識行爲就越會傷害我們。當我們變得更覺知和敏感時，很重要的一點是，我們要有能讓我們體驗敏感度而不會有過多痛苦的穩固基礎。

當我們在一個狀況中應用洞察力或知曉時，總是存在著傲慢和僞裝靈性成熟的危險。然而，我們越是誠實面對自己、越是接納自己的缺點，這些危險也就會越少。我們必須相信，我們知道「自欺」、「以爲自己知道」與「知曉」之間的區別。

12 好與壞、健康與不健康的認知

探索兩極和二元的悖論而不產生矛盾，幾乎是不可能的事。如同之前所討論的，好與壞其實只是一種評斷，而不是真相。人類心智所能做的最強大的改變之一，就是跳脫好與壞的評斷。不過，我們還是必須使用某種形式的言語來幫助我們探討二元性，因此我們使用了「健康」與「不健康」這兩個詞。健康既不好也不壞。喝太多咖啡對腸胃不健康，但有時卻是我們在完成重要的工作或防止開車睡著時所需要的。那來自化約論觀點的科學上的健康選項通常會有最糟的結果：一切事物都與我們的環境和渴望的東西有關。

當兩極和二元是可以互換並具有彈性時，是它們運作最好的時候。我們可以說，成熟與不成熟是兩極，陽性與陰性是二元；但有時候反過來說可以幫助我們理解某個概念，特別是當我們涵蓋了健康、不健康和陰影的動力。我們很容易就用言語來束縛及限制自己，而這並非一直都是有幫助的。關於兩極框架，更有幫助的做法是：讓所有的東西在四個象限裡改變及轉換，而不是把任何東西完全標示爲某個東西。

甚至將兩極和二元表示爲「概念」，以及將陽性、陰性、成熟、不成熟、健康、不健康表示爲「特質」，這也是一種限制。它們是我們的情感現實的基本構成要素，而它們必須是有彈性及可互換的才能讓現實運作起來，因此即使把它們限制在「概念和特質」的標籤下也是無用的，就如同用「你是……」之類的明確用語來標示及限制一個人也是無用的。但一般來說，透過說「你現在是……」來與一個人交流永遠是更棒的。

把兩極框架想成是一個螺旋有時是有幫助的，而每次我們在兩極框架中環繞，或多或少也都產生一些深度。兩極框架本身是刻意呈現爲一個有四個象限的二維正方形，因爲它表達的是現實的悖論，而這個悖論是帶著分形（fractal）的本質，透過時間以一種更爲環狀和螺旋的方式移動。兩極框架把現實簡化爲兩極和二元的基本模式，而它必須保持不斷地與自己更換位置來讓生命發生。

正念及移除嚴格的言語限制，能幫助我們看出無意識的反應式行爲、預設的評斷、過去的制約，並有助我們應用自己的自由意志。這種練習並不是在頭腦裡把「壞事」說成「好事」而已，因爲那樣做，我們還是改不了評斷的習氣。

事實上，我們改變的是「壞事」的意義，從而讓壞事變成我們處理兩極的工具。我們改變自己對言語的潛意識回應來幫助我們了解：有時候壞事是好事；錯的事有可能在一小時後變成對的事。我們大多數人都知道這是事實，但它在我們的心中並非居於顯要的位置，因此我們沒有用到這個認知，尤其是在我們最需要這個認知的恐懼和壓力的時刻。相反的，我們許多人用的是自己預設的評斷和反應式行爲，導致我們無法改變自己的人生碎形圖案（fractal patterns）。

13 兩難的狀況

兩難的狀況（Catch-22）指的是，逃亡的企圖使逃亡變成不可能。

「我需要成熟的陰性面來使陽性面進化，但我不覺得自己有成熟的陰性面。我需要成熟的陽性面來使陰性面進化，但我同樣也不覺得自己有成熟的陽性面。」

我們都擁有成熟面與不成熟面，以及通往我們的高我的途徑——我們的獨特性來自於我們如何發展它們。只要擁有其中一個，我們就一定也擁有另一個，因爲這是兩極法則。我們的成熟面或許感覺不明顯，但它一定存在。擺脫我們的反應式行爲來體現我們的成熟面可能並不容易，但我們越是擺脫反應式行爲，我們發展的成熟面也就越多。

注意：以下的選項並非全部採用兩極框架的標準使用方法。

- **體現**：對應的成熟特質。
- **進化**：成爲同一極的成熟特質。
- **防止**：對應的不成熟特質。

處於兩難的狀況時，我們必須找到自己運用兩極框架的最好方式。當我們感到陷入困境，有一個好辦法是，配合陰陽鏡像圖來閱讀以下的所有選項，從而獲得更深的理解。

以這個範例來說：如果我們「在不成熟陰性面中發現焦慮的行爲」，但我們對來自成熟陽性面的責任、保有空間和界限卻感到陌生，那麼我們就很難進入我們陰性面的信任本質。

選項一

對立的不成熟面：逃避與焦慮是對立的。如果逃避對我們不構成問題，我們就可以單純地專注在減少逃避上。在預設上，這會把我們從不成熟陽性面（逃避）移到成熟陽性面的責任、保有空間和界限。我們會開始展現那些過去我們不覺得自己擁有的成熟特質。

如此一來，要處理我們原本的焦慮問題就變得更容易了。

總結：當對立的不成熟特質對我們不構成問題時，我們別一如常態地逃避它，而是將主要的焦點放在減少這個特質上，而不必多做其他任何事。因此如果我的問題是在不成熟陰性面中，那麼我可以主動地專注在減少我的不成熟陽性面上，而不必多做其他的事，這有助於我在兩極框架上的成熟進化和整體的健康（這與先前關於如何利用兩極框架的建議有些許矛盾之處，但兩極框架與生命一樣，其本質就是互相矛盾的。因此別去爭論生命的矛盾，去了解這些矛盾存在的原因會更具啓發性）。

選項二

當焦慮是主要的問題、但逃避也是問題時，我們就可以透過強調自己的逃避來解決它。如果我們開始刻意地在另一個不成熟面（我們「比較沒有」問題的那一個）中行動，以這個例子來說，就是我們的不成熟陽性面，那麼我們就需要成熟的陰性面（而不是我們覺得無法達成的成熟陽性面）來解決我們的問題。

（喘息一下，否則這會變得越來越複雜。）

專注於我們在某種程度上已經擁有的自由與信任（焦慮的另一極），有助我們的不成熟陽性面變爲成熟、負責任的。如此一來，要處理我們原本的焦慮問題就變得更容易了，因爲我們正在加強自己負責任的記憶。

如果你不認爲自己有自由與信任（你正在處理的不成熟特質的另一極），那就列出一張自由的表單，例如：「我有在公園散步、說出心裡的話、向政府請願……的自由」，或是你的國家人民都享有的共同自由。接著再列出一張信任的表單，例如：「我相信我的狗是愛我的；我相信自己的開車技術；我相信自己能煮出好吃的義大利麵……」先由小事開始，再逐步發展那個與解決你目前問題的成熟特質相對立的成熟特質。

總結：當焦慮是我們的焦點時，自由與信任就更難達成。因此當不成熟陰性面是我們的焦點時，成熟的陰性面就更難達成。透過改變我們的焦點到不同的問題上，在預設上，我們就能創造原先問題的解決之道。爲此，我們在與其對立的不成熟面中創造了比實際上更大的問題，這有助發展與我們問題相關的那一極的成熟面，從而發展出對應的成熟面，而這個對應的成熟面具有解決我們原本不健康的不成熟面問題所需要的特質。

這聽起來可能很複雜，但它其實並不複雜。一旦我們專注在某個東西，我們就開始擁有它，不論它是成熟或不成熟的。只要我們在生活中尋求平衡與整合，成熟面的某個表現永遠會引發另一個成熟面的對應表現。

如同我們在「在不成熟陰性面中發現焦慮的行爲」範例中所做的方式，透過解說圖利用你選擇的不同劇情來執行選項一和選項二。這個練習確實有助學習使用兩極框架，使其潛意識化並加深我們的理解。

如果你覺得自己無法取得足夠的成熟特質來處理你在兩極框架上的問題，那麼接下來的七個選項能夠對你有所幫助。如果你覺得閱讀特定的建議太過於教條化及受控制，而比較想找出自己的方法，你也可以隨時直接跳到下一章。

選項三

一小步一小步地來。倘若我們還沒有一個典範，或任何利用及發展責任和保有明確界限的方法，那麼我們可以將它設爲目標來邁進。我們從原先的範例「缺少成熟的陽性面——缺乏責任、保有空間和界限」開始。

- 寫下關於成熟陽性面的所有特質中，你已包含了什麼、人們可以依靠你什麼、你已擁有哪些特質，以及你欣賞自己的是什麼。
- 或者寫下你保有的明確界限。
- 回想你那些「口是心非」的時刻，並尋求改變這個行爲，因爲尊重我們的「是」與「非」是至爲關鍵的——這些語詞非常重要。

這個狀況基本上就是：知道這是可能的而產生意圖和決心，然後盡可能用自己最大的創造力來達成它。

另一個例子是，如果我們經常覺得自己像是個受害者，並且在表現智慧與洞察力方面有一些問題，那麼我們可以找一些方法來發展我們的智慧。雖然書籍和行爲榜樣可以教導我們許多經驗，但智慧是在不同的狀況中實際應用這些經驗才能獲得的。深入了解洞察力的概念和它與評斷之間的差異，可以讓我們的心為洞察力的使用及習慣做好準備，如此一來，我們的評斷就會自動減少。

或者，如果我們有消極抵抗、對於無私一無所知的情形，那麼我們可以嘗試做靜心或東方許多有助於了解無私的修煉方法，例如瑜伽或武術的正確應用等等。

選項四

要發展我們已經擁有的那些成熟特質，因為它們是彼此互相支持的。如果我們很難展現陽性面的負責任，那麼我們可以對其他的陽性面特質下功夫，例如正念、洞察力、情感與心理上的平衡、互相依存等等。最終這會增加我們從成熟陽性面的特質（我們覺得自己欠缺的特質，以這個例子來說是負責任）來行動的能力。

選項五

找一位能幫助你在肉體、情感和理智的層面上處理創傷和細胞振動的優良體功治療師

（bodywork practitioner）。現今有許多不同的療法和治療師，而找到對你有效果的治療師是非常重要的。治療師個人的自我感、人生經歷和小我，往往比他們受過的訓練或資格證明更能幫助我們。當然，良好的適當訓練也很重要；但有許多訓練錯過了重要的點，並教導太多其他的部分來確保收入和幾乎不會失敗的學生。因此，以非侵擾的方式處理身體和情感上的問題時，通常選擇某個令我們感覺良好的人，會比選擇有許多資格證明的人來得更好。

「學會」某樣東西的最佳方法，通常就是「學著去教」某樣東西。因此，懷著無意取得眞正的資格或成爲治療師的心態來做治療相關的訓練，往往是療癒我們自己的最佳方法。幸運的是，如今有許多的課程和工作坊都考量到這一點，並且提供了各方兼顧的方法。昆達里尼體功使用解除防衛、呼吸法和能量體功的綜合療法，同時配合包括我們的性欲在內的兩極框架。但重要的是，要找到對你管用的療癒模式和訓練計畫。

我個人發現，結合西方心理學與東方包括性欲在內的道家和密宗修煉，是改變身體的振動頻率及全方位療癒的最佳方式。我採用的方法是把焦點放在陰影和能量體功修煉的昆達里尼體功。

選項六

我很少採用行爲榜樣的做法，但它確實可以幫助某些人。將某人身上那些能幫助你克服你目前問題的所有特質都寫下來，然後將這些特質體現出來，讓它們變成你自己的。

不要體現別人的小我；不要試著想成爲別人。要做你自己，並且愛自己，因爲眞實的你是非常重要的。努力成爲最佳版本的你，永遠是最棒的選擇。

選項七

發展我們的意志力、特異功能和超感官知覺，能使我們有更大的機會獲得內在的知識。那些採用諸如催眠、阿卡西紀錄、清明夢、以及其他值得信賴的另類/全方位的方法來發展超感官知覺的治療師，也都能有所幫助。採用最吸引你的那個方法就是最好的。

選項八

有時候與更主流的治療師或諮商師交談是很棒的，因此當我們需要時，就應該這樣做。

但了解以下這一點也很重要：任何無法帶領我們找到自己的答案、治療方法和療癒自己的幫助，通常在某個層面上是不完整的；但在過程中間，它可能是對我們最好的解決之道。好的諮商師會（並且應該）永遠帶領我們找到自己的答案，或者至少帶領我們體現及擁有那些我們所贊同的答案。

選項九

有些人喜歡採用「弄假直到成眞」的方法。這方法是有效的，但在運用的同時，我們也必須要小心，因爲有太多不眞實的正向肯定語可能會傷害我們，並且造成更大的陰影。我們需要平衡的成長，因此如果可能的話，我通常會避開這個選項，或者適度地應用它。

這份清單再怎麼樣也不可能詳盡，因此請隨意增補其中的內容。當你需要在自己的內在發展更多健康、成熟的特質，以及幫助進化那些你覺得自己深陷其中的不成熟特質時，也可以去找其他的專業人士和資源。

14 成熟與不成熟的父母原型

在此重申這一點非常重要：陽性和陰性是不拘性別的。當我們探討以下的原型時：不成熟的母親、不成熟的父親、成熟的母親、成熟的父親，要記得，男人、女人和小孩身上都有這些原型。

成熟和不成熟的父親及母親

對我們來說，以作爲父親的男人與作爲母親的女人來探索它們會比較簡單。但許多人也看得出來，他們的母親往往是處於陽性的能量狀態，即使她是非常有女人味的女人。在反思人生中的這些原型時，試著別將自己過於侷限在性別和生理上，而是把更多的注意力放在哪個人或什麼事物影響了你。

在不成熟的社會中，要展現成熟的陽性面是困難的。目前大部分的社會（如果不是整個社會的話）基本上都與本書教導的成熟陽性面背道而馳，到處都看得見不成熟陽性面的影響——學校、電視、媒體、廣告、時間管理和金融體系。事實上，不成熟陽性面就是我們的文化結構和社會結構。

孩童產生獨立的自我感時必須發展他們的不成熟自我，而不論我們的年齡多大，我們都需要健康的不成熟面的典範。要讓不成熟面的所有面向都呈現爲健康是很困難的，但如同我們討論過的，我們必須避免去評斷好壞、對錯和善惡。即使是我們的不健康的不成熟面，也會在我們人生中的某些時刻對我們產生最大的好處。但隨著我們選擇有意識地進化，這些時刻也會越來越少。

幸好，當成熟的陽性父親完全出現，不論他是對誰說話或是聽誰說話，他都是很難被忽視的。舉例來說，青春期的男孩子很難管教，父親可能會產生無價値感，也可能出現父子之間的競爭。一個從自己的不成熟陽性面來行動的父親，當他覺得欠缺權力時，他可能就會中止兒子的成長。這個動力可能表現爲：父親想要拯救他的兒子，但此時他的兒子根本不需要被拯救。他會在言語上奚落兒子，或用能讓他感受到某種虛假權力的語氣來講話，彷彿他能控制某些事情似的。很明顯的，這個能量不僅限於父親或男人。如果我們發現自己或別人做這種事，我們必須別太過嚴苛地評斷，因爲評斷會在我們及我們周圍的人裡頭製造更多不成熟的表現。

成熟的陽性父親會爲周遭的一切負起責任，因爲他是從「人生是一面鏡子」的觀點來行動。如果他的孩子生氣了，他會在當下採取行動，但事後他會反觀自身。他會問，自己的內在到底發生了什麼，才造成他們的內在或外在世界的憤怒？這種方法聽起來似乎很極端，但成熟的陽性父親永遠會從「人生是一面鏡子」的觀點來爲他周遭的世界負起責任。雖然他還是會認爲他們的舉動是別人引起的，然而從超越的觀點來看，他知道他們的舉動是他的人生功課，是他的想法、感受、意識及潛意識的意圖所造成的。

當他的孩子長大並學會使用他們的內在力量，他不會突然覺得信心不足，因爲成熟的父親是整合的，並且他的內在陰性面是有自信的。他不需要別的東西來證明自己。他知道自己是誰，也了解生命。他明白透過爲一切事物負責，甚至包括那些似乎非他所能控制的事，例如政治和戰爭，他就接納了自己與生命及一切萬物的互相連結。在這種互相連結中，他就有力量在適當的時機，用自己的自由意志讓這個世界變得更好。

在成熟面中，成熟父親與不成熟父親教給我們最重要的功課之一，就是如何搏鬥。不成熟的父親想拖垮我們，因此他會要我們去「爭鬥」某個東西；而成熟的父親想提升我們，並且知道什麼是正確和公平的，因此他會要我們去「爭取」某個東西。當我們變得更成熟並發展出更高的觀點，我們便能識破不健康的競爭和爭鬥。然而對大多數人來說，爭鬥是關乎身分、自我感和小我的建立，不論其結果是健康或不健康的。我們可以在開始出現獨立自我感的小孩和幼兒身上看到這一點，我們常戲稱他們爲「可怕的兩歲兒」。

從陰性面的觀點來看，我們可以斷然地欣然接受自己消失在別人的能量中，暫時從自己的獨特性和內在眞相中切開來。這就是爲什麼透過陽性面的眼睛來認識自己是如此重要。認識並擁有我們的陽性特質和個人的表現，同時處於我們的陰性能量中，就表示我們的行動能與自己的高我一致。

作爲母親原型的成熟陰性面，是完全充滿愛、關心他人及接納一切的。在我們生病或遇到逆境時，母親總是能更愛我們，並且很少要求回報。不成熟的母親通常是從匱乏和基於恐懼的意識來行動。這個恐懼可能是她擔心自己不夠好，或是害怕自己會變成孤單一人，從而使不成熟的母親變得有控制欲。她會在自己的孩子和周遭人身上，有意識或無意識地造成小小的創傷。而這些小小的創傷會產生負面的想法和行爲模式，如果我們沒有從中學習的話，它們就會把我們鎖在不健康的小我中，從而以恐懼來作反應，並使我們更深陷在無意識的彼我分離中。但如果我們確實從中學習、了解該狀況的兩極和二元，我們就會發展（並且能創造）新的、成熟的行爲方面的想法和模式。

有時候，陰性面對我們做的最糟糕的事，卻帶給了我們最棒的禮物。它可以是一個從陰性面來行動的眞正母親、妻子、朋友或甚至是男人。那些選擇療癒自己、對自己下功夫的人，不論他們有什麼樣的童年，最後都會有一些最有趣、充滿愛和多樣性的人格特質。成熟和不成熟的母親，都想確保我們成爲多樣的、充滿人生體驗的個體。不成熟母親的做法是採取恐懼的立場，因此她可能會操縱、造成創傷和痛苦；成熟母親的做法是採取愛的立場，因此她會與我們一起共同創造、傾聽我們的渴望，並從她自己的人生經歷和理解來爲我們創造所有豐富的、有成效的體驗。對陰性面來說，這是一個蛻變的過程，因爲她從自己的過去創造了孩子的未來。

運用陰陽整合課時，記住這一點很重要：不要拘泥於文字本身。文字是流動的，而語言是陰性面的表現。它們能訴說偉大的眞相，但同時也會控制他人。每個事物都只是部分的眞相，而大多數的眞相都有與它們直接相牴觸的其他眞相。我們的不成熟陽性面必須理解及體現這個概念才能進化。

透過父母的原型來療癒父母的問題

當我們試著去療癒父母的問題時，我們很容易迷失在自己的個人歷史和人生故事、以及我們的父母或監護人曾經做過或沒做過的事情中。我們可能會繼承那些並非屬於我們的負面信念或人格特質的制約，例如：

- 「每個人都拋棄我。」

-「我不討人喜歡。」
-「這世界是殘酷的。」
-「我必須成功、守規矩、漂亮、安靜、在運動方面打敗其他孩子才會被愛」，或我們在童年時期所接受的任何說法。

如果我們過於沉浸在自己的故事中，並將自己的人生歸咎於他人，我們就看不到整個大局，並且無法從痛苦中學習及成長。我們應該把那個故事當成體驗更多人生的手段，而不是將它視為我們的人生。

不成熟的陽性面和陰性面及不成熟的父親和母親，會持續衍生出責怪和羞辱的文化，以及基於支配而非合作的社會，直到我們從此集體進入更成熟的生活、管理、養兒育女的方式。如同父母將陽性和陰性的印記深植在我們身上一樣，如今不成熟的特質已經深植在我們的價值觀和文化中。當不成熟面以這種方式集體成為優勢時，我們就會形成貧富之間的鴻溝只會越來越大的社會。為了讓不成熟的特質變為成熟，它們就必須與我們的成熟面進行平衡及整合，如此一來，我們的不成熟特質就會變得非常正面。

在我們能療癒這些文化特質之前，我們必須先利用兩極和二元來療癒我們內在的不成熟面。爲此，我們必須在成熟面和不成熟面中，思考父親和母親的原型角色。我們就是從這裡繼承了我們的陽性和陰性印記，以及何謂成熟的最初概念。

透過以更高的振動頻率、更深入的理解來發展我們的內在父親和母親，我們就把某個進化的印記傳遞給下一代。我們越是了解兩極和二元的運作方式，我們就會發展出更多的洞察力，並時時刻刻都在選擇生活的體驗方式。從成熟和不成熟的父親與母親的原型角色中，將我們自己的父親和母親非個人化，我們就有更大的機會療癒自己和社會。此外，除了將我們、我們的父母和我們的文化故事和創傷非個人化外，我們也必須接受那看似是「壞的」事物發生，並學會更少去評斷這些看似是好的或壞的事物。

我們的不健康小我的主要目的，是要讓我們保持彼我分離，阻止我們知道自己與一切生命是完全互相連結的，以及了解這一點後隨之而來的力量。它的做法是，從有限的觀點將事物評斷爲好的或壞的，並利用這些評斷來延續我們的人生故事、痛苦和恐懼的事物。

只要我們還排斥那些被我們評斷爲壞的事物，並將它們視爲在我們之外或在別人的身上，而不是在我們的自身裡頭，那麼，不健康的小我就會一代又一代地繼續得逞。在能夠開始轉變自己之前，我們必須對於自己內在的過程和內在的不成熟具有理智上的了解和情感上的接納。

記住這一點很重要：人生有時候會出差錯，導致不幸和悲劇的發生。戰爭仍會爆發，現實中還是有奴役，人們會生病，嬰兒仍會死亡。然而對我們大多數人而言，我們一輩子當中，不幸和悲劇很少是與我們個人的振動頻率不一致的。大多數的問題和痛苦的經歷，都是那表達現況的集體意識、以及那被吸引力法則反射回來的個人振動頻率的混合物。

對那些遭受悲慘對待的人說「這是他們吸引來的」，可能聽起來令人難以接受。然而我們還是嬰孩的時候，我們是脆弱又無助的，我們除了接受周遭人的振動頻率外，沒有其他的選擇。我們無法完全行使自己的自由意志，因爲我們無法說「不」或置之不理。我們無意識地從周圍的人當中選擇了虐待或忽視之類的頻率，導致在日後的生活中吸引來虐待、忽視、不討人喜歡的感覺，或任何我們覺得自己有、但從未選擇或說「我要」的事物。

被霸凌、被犧牲、輸了體育比賽、失去朋友、學業退步、人生中的失敗、生活在母親的陰影下、或助長父親那自戀的小我，以上的每個狀況，都是我們在潛意識的層面要求它們成爲這樣子的。甚至在更深的層面，這其實是我們的內在陽性面或陰性面的一部分在對我們這樣做。我們都在對自己做這一切，並且只要它的感覺和頻率與我們的意識和潛意識的感受是相似或符合的，我們就會繼續這樣做。

如果振動頻率是在我們非常年幼、在我們能夠展現自由意志或說話之前強加在我們的身上，那麼日後我們的生活也只能吸引和重新創造相似的模式，直到我們的自由意志足夠強大、生活條件足夠支持我們去改變及打破過去的制約。

爲自己的痛苦人生經歷負起責任，並不表示我們是有罪的，而那些虐待我們的人是無罪的。在最深的層面上，它代表的意義是：一旦我們行使自由意志，並在肉體、理智和情感上療癒我們的創傷，我們就能取回自己的力量，並用自己選擇的振動頻率來主宰我們的人生。然而，唯有寬恕造成這些痛苦狀況的他人或自己，我們才能完全取回自己的力量。當我們放下自己的評斷（不成熟陽性面）並完全爲自己的人生負責（成熟陽性面），我們就從受害者

（不成熟陰性面）走進創造力（成熟陰性面）。不論我們的振動頻率爲何，當那看似不好的事情發生時，我們都必須記住：振動頻率越高，那些看似不好的事情就越少。

透過不評斷我們的狀況和體驗是好是壞，而只是如實地感受它們所引發的情緒，我們的痛苦就會變得令人愉悅，悲鳴也會感覺眞的很棒。當我們不帶任何執著地減少評斷時，我們的振動頻率就會變高，事情的傷害也不會那麼大。關於痛苦，最痛苦的莫過於排斥它。那些被排斥和壓抑的痛苦，最終會變成身體和情感上的麻木而使我們宛如行屍走肉。父母對待我們的方式，即是我們當時內在感受的反映；每次他們這樣做，我們的「負面」感受就會增加，從而吸引來更多相同的狀況。了解這一點，其實是最能帶給我們力量的，因爲這表示：我是自己現實狀況的主人。

這個了解來自於成熟的陽性面負起責任，並盡其所能地涵蓋最多的現實狀況。吸引力法則是在潛意識的層面運作，並且完全與我們的環境有關。我們不是要爲了我們共同造成的現實而打擊自己、責怪和羞辱自己或他人，而是此時我們必須打破這個循環，並開始努力改變集體的意識。

至於世上那些令人遺憾地還經常發生戰爭或奴役的地方，若要改變這個模式，我們就必須處理全球那些支持該模式的管理體系問題，讓成熟的陽性面能比現在有更多的主導權，在個人的層面去幫助人們，並提升他們的振動頻率使他們不再吸引它。

爲自己以及與他人在個人的層面上努力並非一直都是容易的，並且會比單純地在理智層面上了解這些概念還要付出更多。我們必須經歷那些過程並感受我們的感覺，我們必須放下及寬恕在肉體、理智和情感層面上的舊有模式，然後我們必須將新的振動頻率整合成我們的存在的這三個層面，如此一來，我們就放下了那些使我們感到被拋棄、缺乏愛、必須取悅他人、爭鬥、競爭或其他任何與童年有關的身體上和情感上的誘發因素。

我們可能永遠無法完全療癒。有些人會說，持續地在痛苦中療癒和學習是人生必不可少的部分。但不論我們相信什麼，在我們以這種方式專業地幫助他人解決親子的問題之前，當然都必須經歷這個循環好幾次。

成爲自己的父母

自我了悟時，我們會明白所有陽性面和陰性面的原型和角色都在我們的內在。在某個時刻，我們是母親；在另一個時刻，我們是父親；然後，我們又是孩子、姊妹或兄弟。不論是小男孩像母親一樣地照顧他人，或是女性友人做出像父親一樣的舉動，我們都不斷地在爲彼此扮演這些角色。當我們這樣做時，我們可能無意識地遵循某個健康或不健康的行爲模式，但我們越是能意識到這些主要的原型，我們的行爲就會變得越成熟和健康。

如果我們覺得自己的母親不愛我們，我們可能會在關係中表現出「需要被關懷」（我們的內在陰性面從她的不成熟面行動及尋求關注），或者我們會在別人需要被照顧時卻冷漠以對，又或者我們會用愛來扼殺他們，以作爲我們自己需要被關懷的一種表現。來自任何童年的結果，都是一層又一層的兩極和二元，透過我們的肉體、理智體及情緒體編織起來，組成我們每個人獨特又複雜的個性，不論我們變成什麼樣子。

關於成爲父母，我們可能變成與我們對父母的評斷完全相反的人，或者發現自己完全複製了父母的反應模式——由創傷驅動的行爲。這通常會是混合體，亦即我們在一定程度上會成爲我們所厭惡的事物，並且會繼續如此下去，直到我們接受它是自己的一部分，並寬恕自己創造了它。我們是經由吸引力法則或抗拒法則創造它的（這兩個法則基本上是同一回事），因爲不論我們是主動地抗拒或吸引某個事物，我們都是在意識或潛意識的層面上聚焦於它。

當我們學會體現自己內在的成熟父親和成熟母親的原型時，我們就會體認到，在最高的意義上，吸引力法則和兩極法則一直、也永遠會養育我們，因此我們透過情感振動的各種光譜來養育自己。這聽起來可能令人感到悲傷又寂寞，但最終這是一種解脫，將我們解放到對於生命的更大理解中。當我們能接受自己是所有的角色、一切角色都是自己扮演的，我們就非常接近解脫之境。

終究來說，只有一個陽性面和一個陰性面，而它們都在我們裡頭。我們的每一段關係和互動，都是我們與自己的關係和互動。如果我們需要寬恕父母，我們也就需要寬恕自己。當我們爲整體負起責任時，我們便能識破自己的獨立自我感；我們會了解到，我們是無限及永恆的。從這個意義上來說，我們會明白不論年齡大小，我們的內在永遠都有母親、父親、小孩、姊妹和兄弟。

當我們能夠體現別人對我們做的事彷彿是我們對自己做的，在我們是受害者的時候，自己承擔起他們的加害者角色，然後寬恕我們對自己做的（他們對我們做的）任何事，那麼我們便看出自己是可能傷害他人或造成傷害的，於是我們就從這件事及雙方中學到東西。

在這種非二元的層面，使用陰陽整合課到這個程度，是相當高段並且可能有難度的。在處理我們的問題時，最好是有信任的朋友或專業人士在旁協助。

如果感覺不可能在這個層面上寬恕，那麼只要如實地盡量寬恕即可。如果我們了解某個事物的理智層面，卻缺乏情感智能來整合我們的感受，而因此欺騙自己或否認自己的感受，這將是非常具有破壞力又不健康的行爲。

眞實地對待自己的感受，是我們達到足夠的情感智能來接受自己的感受的唯一方法。

陰陽整合課在養育子女上的應用

應用陰陽整合課來養育子女時，記住這一點很重要：孩子需要我們的所有面向。他們需要成熟的陽性面和陰性面，以及不成熟的陽性面和陰性面。他們需要所有對其人生產生主要影響力的人做出這些表現。完全陽性的父親和完全陰性的母親是無法長久持續、不可行或不健康的。理想上，孩子需要在日常生活中看到一致的整合之我的健康表現。他們必須以眞實的方式感受大人和其他小孩來學習及成長。小孩主要是透過他們自己和我們的錯誤來學習及發展他們的小我。我們可能是世上最有愛心、最能滿足孩子的父母，但大多數（如果不是全部的話）的父母，都不情願又無意識地在某個時候使他們的孩子受到精神創傷。而我們必須找到與這件事共存的方法，並爲了他們和我們的利益而寬恕我們自己。

我們和孩子的痛苦及創傷，有可能在日後成爲我們和他們的最大禮物與老師。對許多人來說，這些形塑了我們的人格特質，因爲我們的頭腦被訓練去記住「壞的」比「好的」多，好讓我們不會再次受傷。透過學會在自我發展中使用兩極和二元，我們就給孩子最佳的機會在他們的自我發展中使用它，將他們的創傷和負面的生活體驗轉變成禮物，而不是自我毀滅的模式。

一旦我們的頭腦超越了好與壞的評斷，並且在我們的人格特質和小我的限制中，依然能如實地面對我們的眞相和成長，那麼我們在了解及精通二元性方面就已經有了長遠的進步。認爲自己全部知道或完全了解某個事物（從空間和時間、以及時間和空間的每個維度來了解它），其實是一種傲慢。從意識心的角度來說，我們永遠無法完全知道它；然而，我們越是能懷著謙遜與感恩之心（成熟陽性面），我們就會知道得更多。此外，我們越是能與自己的潛意識心靈及高我（我們的成熟陽性面和陰性面使我們能觸及它們）進行溝通和了解，我們就會知道得更多。

我們的內在母親與她的成熟和不成熟特質的表現，通常是我們的親生母親和早年最照顧我們的女性的混合體——如果這兩者有所不同的話。儘管這並不是規則，但如同我們的身體特徵一樣，我們許多的人格特質和無意識的行爲都是透過DNA遺傳下來的。如果母親或那位女性是非常陽性化的，那麼通常孩子也可能長大成爲陽性類型的母親，不論她們的餘生是什麼樣子。但如同本書所說的，在二元的層面設定規則是不太管用的，因爲生命是一個悖論，並且我們都有自由意志，因此我們可能選擇其他的東西或選擇不一樣的，並且在循規蹈矩的常態下，叛逆地拒絕在人生中遵循及吸引那些與我們的父母相同的東西。

兩極、二元和吸引力法則，永遠是與我們的自由意志和意圖一起運作的。而了解生命的這些基本構成要素是如何形塑我們和孩子，我們就有更好的機會創造他們所喜愛的未來。也許孩子符合我們的行爲和價值觀；也許他們與我們相反，排斥那些行爲和價值觀、排斥我們和我們所要給他們的；又或者他們順利地療癒及整合他們從我們身上繼承的兩極，而創造出那表現他們眞實一致的自我（這是我們最棒的期望）的健康又平衡的人格特質。

我們能在自身之內認知的一些共同主題和結果是：

- 我們的母親有非常健康的成熟陰性面、有創造力的人格特質，因此我們也發展出這樣的人格特質。
- 我們的母親有非常健康的成熟陰性面、有創造力的人格特質，因此我們發展出更多對應的陽性面而成爲智慧又有洞察力的人（沒有父親的孩子更可能是如此），於是孩子就扮演另一極來平衡她的能量。
- 我們的母親有不健康的成熟陰性面、有創造力的人格特質，因此我們變成它的另一極，進入受害者心態或其他不成熟陰性面的特質。或者，我們也許進入自己的不成熟陽性面來應付她的不健康的虛假自我形象，並變得非常愛批判及評斷她，那是對於不健康的成熟陰性面的一種合理及必要的防衛。

- 或者，我們也許是世上的罕見人物，我們的內在是如此地自信，並且擁有強大的意志和決心，因此我們只遵循自己的靈魂和高我的建議。我們更不會充滿他人負面的低振動頻率，因爲我們能輕易地找到自然的一致性，也因此更容易傾聽自己的高我。

我們都是多面向的，有著個人偏好的無意識和有意識的模式和生活方式。上面列出的這幾點，在某種程度上對我們來說可能是眞實的。我們應該永遠曉得，我們的高我、靈魂、內在的小聲音（不管我們如何稱呼它）是眞實存在的。三個主要體之間越一致，我們就越能夠傾聽，而將父母的無意識制約拋諸腦後，也更不會把無意識的制約遺留給我們的孩子。

15 與內在批評者合作

內在批評者與我們的關係

我們內在批評者的表現可能相當個人化，而我們與它的關係也可能必須隨著時間改變。個人心理所產生的內在批評者，基本上是兩極的一種表現，但我們往往是以不健康的方式來體驗這個兩極。

對我們大多數人來說，它出現的時機是：

- 當我們不快樂的時候。
- 當我們在生活中感受不到足夠的平衡或安全感時，而這也可能與感覺「太快樂」有關——由於太快樂而失衡或產生陌生感，因而感到不安全。別忘了，我們都是獨一無二的，因此如果「太快樂」這種說法似乎令你無法理解，那也沒問題。

我們的內在批評者有兩個主要功能，這取決於我們如何看待它。如果我們的振動頻率有更多是來自於愛或恐懼、有更多是來自於我們的成熟面或不成熟面，那麼它可能：

- 延續我們的痛苦，用熟悉的負面模式將我們的意識覺知一直囚禁在頭腦中，最後使我們減少自由意志的運用，讓我們由於熟悉和重複而不斷地選擇負面的選項。
- 或者透過批評舊有的生活方式來鼓勵我們摧毀舊有的能量，從而給我們新的能量來創造新的生活。

在第二種情況中，我們的內在批評者或自我破壞者是來破壞某個東西的——在生活中造成足夠的混亂，好讓我們有充分的能量來創造我們想要的東西，或者有充分的負面低振動頻率能量來使我們回到平衡的狀態。這通常被看成是自我毀滅行爲的一種形式。但如果我們了解自己的內在批評者以及我們與它的關係，我們對它的看法就會開始改變，再也不會一直把內在批評者視爲「壞的」，並且接受它當下的樣子。

當我們注意到自己內在批評者的聲音，並且不是用自我約束來「只想」或「乾脆」否決它時，提出以下的問題是非常明智的：

- 我在害怕什麼？
- 我的生活哪裡失衡了？

如果出現自我毀滅的行爲，我們就應該檢視一下，自己的生活什麼地方偏離了我們想要的方向？它不一定是不健康的方向，而只是並非我們最高及最好的方向。但如果我們的內在批評者是在攻擊生活中最高及最好的事物，那麼我們就應該看看自己什麼地方失去了平衡？生活的其他領域中哪裡發展不足？當我們的生活平衡了，並且以健康的方式運用我們的陽性面和陰性面，我們的內在批評者就會消失不見。

對我們生活在其中的二元現實來說，兩極、張力和衝突是不可或缺的。我們的生活需要張力來創造新的體驗；我們需要內在陽性面和陰性面的兩極來創造外在的生活。就內在批評者的問題而言，我們必須知道自己是否缺乏足夠的紀律來達成目標，並且需要用戰鬥的能量來加倍地努力，用更多的張力來處於創造性的衝突中，同時感謝內在批評者給我們某人或某事來推我們一把、驅使我們向前邁進。

當我們去除評斷的需要，並且能從洞察力和知曉中來行動時，我們的內在批評者就會開始轉化，而這對每個人來說都是不同的。事實上，我們可以如實地看待內在批評者以及它有什麼潛力，而不必對它有不好的感覺或想用頭腦去改變它。我們的內在批評者，是我們那想藉由破壞產生能量來創造新事物的部分。破壞生命的欲望，是創造生命的欲望的低振動頻率；究竟來說，它們是同一個欲望。

當我們完全了解自己，我們就明白創造的欲望和破壞的欲望都是對生命的渴望。

唯有處於不健康的不成熟狀態，內在批評者才會對我們產生危害。因此發生這種事時，我們必須把它看成是在提醒自己，去檢視生活中有什麼是不健康的。當我們能夠了解及認識到這一點，我們就可以找到導入內在批評者的方法——我們內在的破壞者與內在的創造者合作，讓我們幾乎在任何的狀況下都能找到成熟陽性面的雙贏場景，甚至包括那些我們有意識地選擇破壞的狀況。

如何面對內在批評者

對他人嚴厲地批評，或是有一個過於負面和失控的內在批評者，對我們都沒有好處，因此我們必須進化自己的不成熟面。如果我們的內在批評者或外在批評者走極端，那麼接下來這兩項技巧可以幫助我們。我們無法說哪一個才是正確的方法，因爲不同的方法會在不同的時刻帶給我們更多的幫助。

常懷感恩

檢視一下我們在心裡批評自己什麼，並看我們可以在哪些地方找出感謝它的理由，不論這理由有多可笑或多渺小：

- 我感謝今天控制飲食失敗，因爲這讓我知道，我的身體對糖分的反應有多麼嚴重。明天我會做得更好。無論如何，我都全然地愛自己、接納自己。
- 我感謝我的車子故障了，因爲它換了該換的油，而我也得到該有的運動。這件事教導我要更有責任感。我全然地愛自己、接納自己。

- 雖然我沒有足夠的錢來買孩子現在想要的所有東西，但我很感謝我們有許多共處的時光，並且能夠了解家庭的重要。我感謝我們現在所擁有的金錢。我全然地愛自己、接納自己。

在感謝那些我們不想要的事物時，有一點非常重要：在我們告訴自己或寫下我們想要的東西後面，加上一句「我全然地愛自己、接納自己」。否則的話，我們會對自己的潛意識和宇宙發出混雜的訊息，因而吸引來更多我們不想要的東西。

我們可以學習及發展一種非常有用的技巧，亦即用別人會感激我們的建議的方式來對他們提出建設性的批評：

- 「嗨，我發現你很賣力卻不見成效。我很希望你快樂，所以你有沒有想過……」，然後用適當的言詞來完成這個句子。
- 或甚至更棒的是，跟對方交談來讓他們自己發現答案並感覺更有力量。事實上，比起給予建議，人們往往更需要的是傾聽和鼓勵。

冥想無常

無常是佛陀的祝福和詛咒，因爲它意味著不論好事或壞事，「一切都在變化」。但究竟來說，透過冥想人生無常的自我了悟，能使我們超越痛苦，並將我們的祝福與詛咒視爲一體。

這個冥想練習帶給許多人慰藉，儘管他們仍生活在二元中享受他們的人生。如果你眞的爲負面和批判性的思維所苦，並且每次都嚴重到使你產生負面的反應，那麼就坐下來靜心五分鐘，深呼吸直達丹田，並運用咒語或在心裡重複這句話：「生命是無常的，一切都在改變；生命是無常的，一切都在改變……」

16 成熟的結束關係

當一段關係結束時，我們可能會：經歷一連串成熟面的回應；或者更常見的是，經歷一連串不成熟面的回應。

在不成熟陰性面中，我們會覺得自己像是受害者，好像我們信任別人，他們卻虐待我們而造成傷害。或許我們感受到惡意，又或許我們的自我毀滅特質被引發，因爲我們感覺失去了平衡。由於吸引力法則以及我們對離開者的愛與感恩的緣故，我們不合理地渴望更多的虐待。因此，我們不是在虐待自己，就是在吸引類似的關係來讓受害者的故事重新上演。

在不成熟陽性面中，我們可能想要保護自己的陰性面而踏入權力的鬥爭，爭論是誰離開了誰，在心中編造故事來說明爲什麼對方不好。我們在評斷之上建立評斷，試著去合理化自己。當我們進入新的關係時，不成熟陽性面很可能一開始就著眼於權力的平衡上，看他能如何壓制他們的陰性面，好讓他的陰性面不會再感到受傷。

如同我們已經了解的，我們都是陽性面與陰性面的綜合混雜體，然而一旦我們有意識地產生或看出內在的這個分裂，我們便能開始觀察自己的行爲和行動。每個人、每個狀況、每次分手都是獨一無二的。唯一不變的是，在自己的身上或別的地方找到對應的成熟行爲，永遠可以幫助我們從不健康的不成熟行爲中走出來。

讓情緒從身上發洩出來也很重要，這麼做能防止我們的身體累積那些體驗和負面的振動頻率，因而吸引更多相同的痛苦情緒和體驗。

健康的不成熟陰性面的表現，透過宣洩及過度的情緒化行爲，能成爲眞正美好的事。這意味著成熟陽性面中的情感平衡與心理平衡是可能出現的，因爲我們並沒有壓抑或排斥自己的不成熟陰性面，而是讓她成爲健康的。

17

開啓幸福人生的關鍵

雙重的陽性和雙重的陰性

你或許已經發現，當你和伴侶都處於你們的陽性面時，你們可能同時都想主導一切，你們都想以控制他人的方式和從不成熟面來處理及控制整個狀況——人們就是經常爲此發生爭執。兩個處於健康成熟面的人之間，爭執是很少發生的。在不成熟面中，陽性通常會爭論，陰性則會操縱或扮演受害者的角色。

當你們這對夫妻進化時，如果你們是以刻板印象中的性別角色處於傳統的關係中，那麼你們可能會發現，當一個占主導地位的陽性男子，他感覺非常安全而開始敞開自己時，他會更從自己的陰性面來行動，並用更有創造力和敞開的方式（重點不太明確，但他的創意和靈感是令人振奮的）來談話。當這發生了幾分鐘或更長的一段時間後，女子通常會進入她的陽性面來平衡這能量。倘若有任何原因造成男子的不安，他可能就會立即進入他的不成熟陽性面，或者先進入他的不成熟陰性面。

以男子處於他的不成熟陰性面的第二種情況來說，女子可能進入她的不成熟陽性面而做出潛意識的反應及與男子對立的行爲。男子感到需要被關懷、焦慮並尋求關注，而女子卻想要逃避而開始疏遠對方。男子可能對於女子採取陽性的角色、讓她的能量改變他而感到不安，因爲：

- 女子有許多不健康的陽性面陰影。
- 男子充滿了恐懼，並且過於傲慢而無法放手。
- 或者，男子的高我說「不」。

在這三個場景中，男子都回到他的陽性面。此時如果女子仍停留在她的陽性面，這件事就會發生得非常突然。兩個首腦碰頭了（通常是兩個處於不成熟陽性面的首腦），爭執就可能發生。當我們充分了解這個動力，我們就能看著它發生；或者更棒的，在發生之前阻止它。上述例子中的女子有多種選擇，其中兩個選項是：

- 非常被動地進入她的成熟陰性面，並試著表現出她覺得男子必須學習的功課（希望男子能因此進入他的成熟陽性面）。
- 進入她的成熟陽性面，並像兄弟般與男子相見，用智慧分享她的經驗來幫助他了解當下正在出現的動力（希望男子能進入他的成熟陽性面而讓她能夠進入她的陰性面，或者至少讓男子進入他的成熟陰性面，好讓他們能找到更加整合的、非兩極化的相處方式）。

兩人之間可能出現的不同動力有許多種，並且是個人化的，而每一方都能在陽性面和陰性面中有著健康或不健康的成熟及不成熟的表現。檢視每個可能的場景可能幫助不大，但了解雙重的陽性動力和陰性動力是如何運作及出現的，則是開啓幸福人生的關鍵。評斷或回應每個動力的方式並不是固定的，但對兩極出現的方式有更大的覺察及更相信自己，總是會把我們帶往健康的方向。

對話中的兩極

想像有人在哭泣又很難過。在那一刻，他們可能處於自己的陰性面，並且需要被聽見和傾聽。然而，我們的不成熟陽性面往往會想要解決這個問題。或許這是出自於愛，但解決問題其實是陰性面最不需要的。事實上，她需要的是同情心（同情心就像愛、喜悅和快樂的情緒一樣，並非某個性別特有的）、聆聽和理解。當不成熟陰性面的悲傷遇到不成熟陽性面時，某個行爲模式就會出現。這個模式會根據兩位當事人的人格特質而有所不同，但一般來說，它會強化不成熟的行爲。此時，陰性面遇到的若是以下的面向就會好很多：

- 成熟的陽性面（作爲愛人或父親的形象）
- 成熟的陰性面（作爲姊姊或母親的形象）
- 不成熟的陰性面（純粹是同情，或是以健康或有時是不健康的方式來鼓勵及探索其陰影）
- 迴避不成熟陽性面（只要我們還有恐懼，大多數的反應式行爲都會把我們帶向這裡）

當你在生活中發現相同的動力時，拿出解說圖來看你是否能發現某種模式將會有所幫助，並問以下的問題：

- 現在出現的是哪些動力？
- 你和你的伴侶必須做什麼才能讓這些動力變得健康：

首先，你自身必須做什麼？

再者，你的伴侶必須做什麼？

只要檢視一場對話，我們就會發現處處都是兩極和二元，因爲我們的陰陽兩極之間的移動是持續不停的，只不過我們通常很難發現陰陽之間的分裂，尤其是在沒有衝突的時候。眞相是，我們都是已經整合的完整者，我們的兩極之間的移動創造了生命並讓時間前進。了解兩極並看出它們的分裂，我們就能明白我們的個別是如何整合的，並且會更了解彼此。

女性的多面向、多維度本質，是刻板印象中的女性似乎都不講理的原因——陰性面的多樣性表現，仰賴於不合理或情感上的行爲。情緒的悖論是，一旦我們了解情緒是我們享受人生所必需的，那麼擁有及發展情緒對我們來說就變得完全合理（儘管從化約論的觀點來看，這些情緒通常是不合理的）。邏輯告訴我們，事物的存在需要眞實又有效的兩極。這意味著邏輯本身（存在於獨立的自我體驗中的邏輯）需要某種不合理的東西（其本質是有效且必要的才能存在），它是透過我們的情緒體和能量體來實現。

如同我們後續會討論到的，有所謂內心的情緒，也有被巧妙地形容爲乙太情感能量（通常被體驗爲同理心）的情緒。當談到情緒體或情感智能時，我們指的正是這環繞在我們周圍、使我們生氣勃勃、產生生命力的乙太情感能量。生命力雖已獲得科學的證實，但卻很難定義，因爲它的運作方式一直在改變，完全取決於觀察它的人、他們的感受，以及他們先入爲主的看法。

陰性面的目的是創造生命，而不是理解生命。

當我們決定了解某個事物而在心理的層面上爲它命名及貼標籤時，我們往往就中止了它的進化。只要對某事物還有不確定性、只要還有悖論和互相矛盾的眞相存在，那麼從這個意義上來說，陰性面永遠會在此建立更多層的生命和體驗——更多層的兩極和二元。

陽性面（主要是不成熟陽性面）提供我們更堅實的、科學的基礎和理解。他總是想要了解生命和宇宙，隨之而來的危險是，造出一個以二元爲基礎、非黑即白的世界。爲了讓這世界保持豐富多彩，陽性面必須對現實的運作方式有所認識和了解，他必須知道那比他自己（獨立的自我）更大的知識。因此，我們往往會指望眾神或創造眾神。但無論我們信不信神，同樣重要或更重要的是，爲了獲得那比我們自己更大的知識，我們就必須把時間奉獻給我們的陰性面和他人的陰性面。要確保興奮、樂趣和信任的機會，並臣服於陰性面的渴望和她那難以理解的多樣性表現。

在雙重的陽性和陰性動力中找到一致性

閱讀某個東西的時候，我們可能了解得很透澈，但是當我們「需要」應用它時，就並非總是容易的。當我們從自己的不健康陽性面及由創傷驅動的潛意識心靈來反應時，這些簡單的概念就可能變得幾乎不可能用上，尤其是當我們想要與別人溝通的時候。我們應該著眼於發展兩極框架的使用，直到它也成爲我們的潛意識，如此一來，甚至在恐懼或爭執之中，我們也能不假思索地使用它（就像開車一樣），並且對我們內在的分裂和分歧進行了解及整合。

當我們具有一致性時，便能同時活出多元的眞相而不會有心理上的衝突。如同我們後續將探討的，探索這個一致性的最佳下手處就是透過我們的性欲，因爲性欲是我們和伴侶更可能體現最眞實的陽性和陰性能量表現的地方，不論它們與我們的性別有多大的一致性。我們的肉體、理智體及情緒體開始與對方的獨特能量達到平衡，這便創造了內在的一致性——不僅是個人裡頭，也包括性結合中的夫妻裡頭。如果這種程度的一致性能在性之外繼續維持（這很困難，但並非不可能），夫妻之間就幾乎不可能發生爭執，如此一來，既不會出現不健康、不成熟的雙重陽性和陰性的動力，也不會一起透過理智切斷關係（來自陽性面），或一起感受到冷漠、喪失幹勁和積極性（來自陰性面）。

18 成熟面與不成熟面的爭鬥

當人們（刻板印象中的男性）無法在金錢、自由的時間、取得必要的知識和智慧方面獲得進化的機會時，不成熟陽性面往往會找另一個不成熟陽性面來與之鬥爭。我們大多數人很難或幾乎不可能停留在相同的發展程度而感到滿足，直到成熟的解決方法（進化的解決之道）出現。我們需要創造性的衝突和張力。如果我們沒有透過將不成熟面進化為成熟來積極地發現這一點，陽性面往往就會想要把別人壓「低」來讓自己產生升「高」的虛假感。真相是，透過製造分裂他們的小我在這種場景中會感覺更有力量，但這種力量並不會持續。總體來說，這會造成退化及產生陰影。

生物學將這種小我的、支配的心態（與合作的心態相反）形容得非常好：「我們的身體細胞沒有階級制度，例如最基本也最常見的真核細胞就沒有階級之分，一切都是互相依存的關係。可是如果那個細胞突變了，而它的突變又進一步擴大造成其他細胞的突變，身體就會開始出現支配的體系，階級制度於焉產生。這些突變的細胞稱爲癌細胞。生物學的支配體系造成疾病的單一繁衍，它破壞了多樣性並導致死亡。而我們的社會和文化中的支配體系也是如此。」

綜觀整個歷史，我們會看到不成熟陽性面如何尋找差異性來作爲他們支配行爲的藉口：白人對抗黑人、宗教戰爭、幫派暴力、足球陣營的對壘、政治黨派的較勁，以及南與北、東與西、此岸與彼岸的對抗等。

不成熟陽性面到處尋找差異性來製造兩極，以重申它自己的獨立性。想要終止種族歧視、宗教戰爭、恐怖主義、用石頭砸女人、街頭暴力、社區惡化和內戰，其答案永遠都是一樣的。每個涉入其中的人都需要成熟陰性面來帶他們進入自己的成熟陽性面，同時他們也需要成熟的陽性結構和陰性結構來管理他們，並在這一類的轉變中提供個人的幫助和可獲得的支持。這世界需要那些擁有權力地位、從這些成熟原則來展現及生活的人。由於我們生活在振動和反映的宇宙，因此把某個事物帶進這世界的最好方法就是「成爲它」或「培養支持它的兩極」；相反的，如果我們排斥它，就會以無益和造成問題的方式將它帶進這世界。

不成熟陰性面與不成熟陰性面的爭鬥，跟陽性面出於匱乏和恐懼的心態而爭奪資源非常類似。不成熟陰性面雖然比較不直接，但仍是出於恐懼而爭鬥。不成熟陰性面主要是從操縱的立場來運作的。她運用情緒會比陽性面更加靈活，並且能用它們來遮蔽理智。當不成熟陰性面與不成熟陰性面互動時，通常會出現深植於消極抵抗行爲的更微妙情感和心理上的遊戲階級，這跟不成熟陰性面操縱和支配男人及陽性面的方式很類似。

當我們受到恐懼（害怕失去我們在情感上和心理上感覺自己擁有的東西，或害怕眞正接受自己，因爲自我接納會有被其他人排斥的風險）的驅使時，我們就會帶著不健康的不成熟特質，進入一個基於支配的心態所建立的世界。

想走出支配的心態而邁入合作的心態，我們就必須要有足夠的勇氣選擇愛和寬恕。

19 越陽就越陰，越陰就越陽

陰與陽的平衡

你越是想要成爲陰性，你就必須更陽性；你越是想要成爲陽性，你就必須更陰性。如果想要更處於自己的成熟陰性面，我們就必須發展自己的成熟陽性面。陰性只能擁有與陽性相等的自由和空間；這就是陽性所做的，他保有空間。如果我們有一個界限不清的虛弱陽性面，我們的陰性面就無法感到安全，也無法保有空間或表達她自己。

許多陰性的女人和陽性的男人，都想把大部分時間花在表現那些與他們的性別相關的特質上，特別是他們相處在一起的時候。這件事沒有對或錯，它只是你想要什麼的問題——如果你就是想要這樣的話。

但在相處之外，這往往又是另一回事，陽性面與陰性面之間會有更靈活的轉換。當兩人的關係發生衝突時，我們更可能在自己的內在陽性面與陰性面之間轉換，其中也包括我們的不成熟面和陰影。如果我們是處在有意識和覺知的關係中，那麼衝突發生時，我們其中一人就會有意識地在自己的成熟陽性面與陰性面之間轉換，來讓對方回到正念及擺脫反應式行爲。

不論我們的性傾向或性別爲何，人生有許多不同的生活方式，因此探索成熟和不成熟的特質是很重要的，其中也包括那些我們覺得較不自然的特質，因爲這些特質很可能是我們最大的成長潛力所在。

在此最好注意一點：如果我們已經花了一輩子的時間去逃避自己的不成熟陽性面或不成熟陰性面，那麼在我們能眞正體現成熟面的特質之前，可能必須花一些時間在那上頭。因此如果那些成熟的特質沒有立刻出現的話，也不必感到氣餒。

當一對有意識和覺知的夫妻使用兩極框架時，我們會看見諸如以下的動力：女人刻意進入她的成熟陽性面，而男人追隨她的帶領進入他的成熟陰性面。此時：

• 女人讓男人休息，使男人的潛意識心靈能從他平常的生活方式中放鬆，並採取另一種觀點而獲得新的洞見。
• 男人花時間處於自己的陰性面來發展他的陽性面。這對許多人來說至關重要，甚至包括處在一段關係的時候。
• 女人向男人展現她所認爲的陽性面是什麼、她欣賞他的男子氣概的哪一部分，以及她想要更多的什麼。她將男人最想要的舉止展示給他看，其中也混雜著她的陽性面的最佳表現。

你可以是世上最有男子氣概的男人，但你不可能永遠處於你的陽性面中。如果我們想要成長而不是困在不成熟面中，就必須把對方當作一面鏡子來使用。當兩個陽性的能量一起出現在一對夫妻中，它們就會開始接受彼此的特質並互相影響。因此，成熟的陽性男人不想要跟陽性面虛弱的女人在一起，因爲這樣會使他虛弱。即使他受到她的威脅，他也不想要刻意地弱化她的陽性面，因爲當他進入他的陰性面時，只有她的陽性面版本會形塑他的陽性面。

因此，男人最好是跟一個「當她處於自己的陽性面時，能夠選擇跟他一樣強大和成熟（不過是用她個人獨特的、女性的方式）」的女人在一起。

當女人看見男人陽性面的最高潛力並且覺得適當時，她就會反映給他看。當女人回到她的陰性面而男人回到他的陽性面時，他就會開始回饋女人剛才為他展示的東西。這就是為什麼在伴侶關係中不要迷失自我是如此的重要。操縱與合作、成為自己與成為對方，這之間只有一線之隔。

如何擁有健康成熟的陽性面

如果我們能把關係本身視為一種有意識的存在體會有很大的幫助，因為這能使我們更容易放下執著。原本我們會注意自己先前在哪些地方操縱對方來滿足我們的需求，但現在我們會看見這段關係有哪些地方符合我們的需求，而哪些地方我們必須另覓他處來符合我們的需求。

一個活出她所有的陰性面特質並樂在其中的女人，便不可能花太多時間表現她的陽性面。她必須用非常深入的方式來進入她的陽性面，並創造充滿清晰、意圖和眞正影響力的強大時刻。強大的成熟陽性面不需要千言萬語，通常只要一些尊重的話語或行動便已足夠。一般來說，從成熟陽性面來行動的人，他們的話語會更少、正念會更多。但也並非總是如此。

將這個例子反過來看：一個試圖讓她的男人的陰性面維持虛弱和不成熟的女人會非常不開心，因爲當她進入自己的成熟陽性面時，她可能會碰上尋求關注、責怪、操縱、消極抵抗的行爲和受害者心態。這是他不得不給她的唯一的陰性面印記。她必須接收自信、同理心、奉獻、接納和療癒，才能讓自己成爲這些特質，而此時這些特質尙未存在。她必須給她的男性伴侶足夠的某個特質，自己才能接收到它。因此透過操縱男人、責怪他們、展現過度的焦慮和情緒化的行爲，女人就使自己再也體驗不到她的成熟陰性面。

當我們眞正知道我們人生中的每一個人都是一面鏡子，並且了解陰陽兩極框架，這個知識就會成爲我們的習性。這個方法有一些例外，並且沒有明確的硬性規定。有些長時間處於陽性面並且很多話的人可能並不虛弱，而且不是從他們的不成熟面來運作。譬如哲學家、政治家、明師、議員和學者，他們通常都必須擁有發展良好的陽性面才能勝任他們的工作。儘管他們並非所有人都是從他們的成熟陽性面來運作，但其中有許多人確實是如此，並且仍然很多話。

來自陽性面的巧妙對話藝術，就是能頻繁地利用陰性面的特質，而很少有談不下去或無話可說的情形。也許陰性的人比較多話的原因之一，就是從說話中他們能瞥見生命的無限可能性和潛力。

陽性面與陰性面失衡的常見例子是：

- 「我想要更處於自己的陰性面，但我缺少清晰度。」（清晰度是較爲陽性的特質）
- 或者：「我想要處於自己的陽性面，但我沒有足夠的自信和把握。」（自信和把握是較爲陰性的特質）

在這兩個例子中，當事人都需要更多的另一面來成爲他們想要成爲的人。

如果想擁有健康的成熟陽性面，我們就必須發展自己的陰性面。因此那些具有強烈不成熟陽性面的陽性男子和人們，便必須聚焦於這些在兩極框架上被標示爲較陰性的特質上：

- 要有自信。別讓懷疑、恐懼或評斷進入我們的心中。自信能幫助我們以謙遜的方式用洞察力來行動。
- 樂於接受多樣性。陽性面需要某種程度的多樣性來維持他自己，而多樣性永遠會培養出互相依存的關係。他需要潛在的困惑來展示他的陽性準則。不成熟面會排斥多樣性和互相依存，因爲他害怕失去控制。
- 有同理心。對那些從他們的不成熟面來行動的人要有同理心，這能幫助他們進化及自我了悟，並使我們尊重他們而不是羞辱和評斷他們。
- 忠於陽性準則。對陽性之道表現完全的投入和忠誠，穿透眞相來使自己對於宇宙有一種無限及永恆的知曉。永遠不放棄自己，並努力將你崇拜和喜愛的陰性面彰顯於外。
- 有同情心、讚美他人並感到快樂。他人的喜悅能使我們對自己的愛更加慷慨大方，因爲我們感覺自己有更多的愛。
- 要有直覺力。少了直覺，我們就切斷了與自己的高我的連結，如此一來，我們就只知道自己的意識心所知道的東西，並導致我們退回到不成熟面。成熟的陽性人士必須帶著情感上與心理上的平衡來生活，但是直覺浮現時，永遠都要能遵循它。

• 接納大部分的事物，即使當時你並不想要。接納之後，要不是陰性面轉化你，要不就是你進入自己的陽性面，並且有力量透過行動來改變現實。那些服務整體的無私和無我的行動永遠都更有力量。

• 要有創造力，並成爲成功率大的。陰性像磁鐵一樣將她的渴望吸引過來，因爲她本質上就是成功率大的。陽性則把他的渴望轉爲目標再追求它們——他走向自己設定的目標，而當他達成目標時就得到渴望獲得滿足的回報。不過，我們既是陽性也是陰性，因此我們要雙管齊下，運用智慧和洞察力，並用吸引力法則來幫助你實現及達成目標。

• 表現自由和信任，你就會記得保有那些保護自由和信任的界限是如此重要的原因。

• 療癒不成熟的陽性面來讓世界有更多的正念。

如何擁有健康成熟的陰性面

要成爲更加陰性的，我們必須從自己的成熟陽性面來行動。因此那些具有強烈不成熟陰性面的陰性女子和人們，必須聚焦於這些在兩極框架上被標示爲較陽性的特質上：

- 成爲謙遜的，知道自己何時値得獲得尊重，並讓它自然到來，這麼做會增加你的自信。
- 承認萬事萬物都是互相依存的，並從互相依存的角度來行動。因爲獨立是謊言（沒有人能眞正獨立，我們在人生的某個時刻都需要他人和來自他人的愛），依賴是監獄，互相依存的行動使多樣性興盛。
- 尊重自己、他人和一切萬物。如果我們發現自己很難尊重他人，尤其是當我們與他人有分歧時，我們也可以尊重他們藉由錯誤所學習到的一切。我們尊重他們的人生旅程，並對那些雕琢他們的痛苦有同理心。
- 崇拜萬物中的神聖陰性面，甚至是陽性面，讓陽性面爲你奉獻。

- 要有雅量、慷慨和仁慈，因爲這能促使我們以他人的快樂爲樂。
- 力求情感上與心理上的平衡。當我們無法從自己的直覺來行動時，就必須力求情感上與心理上的平衡，如此一來，我們的直覺就會變得容易獲得。
- 要無私。讓你的行動都是爲了擴展無私，是爲了了悟到無分裂、互相連結、以及那產生一切力量和創造力的更大整體。
- 以能幫助那更大整體去體驗更多的自由、信任和創造力的方式，從不同的地方應用智慧和心理概念。
- 責任、保有空間和界限。爲現實的一切負起責任，並承認我們是自己世界的創造者。陽性所涵蓋的現實越多，他就爲陰性保有更多的空間，並讓她自由地去表現生命和陰性面。但保有這個空間需要強而有力的界限，以及強而有力的「要」與「不要」。困難的是，知道何時及如何移動界限來改變我們的「要」或「不要」而不瓦解我們保有的東西。
- 保持正念。當我們保持正念，我們就處於健康的小我。反應式行爲在正念的狀態下無法存在，因此我們能夠療癒。

在陽性面和陰性面中使用兩極框架作為引導的心理概念時，我們必須：

- 有條件地愛，同時盡可能無條件地愛。
- 以療癒的方式帶著正念有意識地進行性愛。我們仍可隨著自己的獸性欲望進行粗野的性愛（說做這種事是不好的其實是一種評斷）。只要我們是從自己的經驗中學習和成長，就應該讓自己自由地去做自己想做的事。甚至如果當時我們的眞相是喜歡控制別人或允許被人控制，那麼只要伴侶同意也是可行的。但從理想上來說，我們會進展到有意識的性愛。那是一種使陽性面和陰性面進化的性愛，而不是造成更多陰影的性愛。

那些被我們歸屬為陽性面或陰性面的特性並不是非黑即白的。我們可能處於自己的陰性面而仍喜歡控制，或處於自己的陽性面而仍喜歡操縱。那些特性和特質只是代表性的表現，但我們可能在任何時候出現任何表現並展現任何的特性——很可能我們越是展現它，就越可能進入並停留在那最能代表它的陽性能量或陰性能量中。

重要的是，不要過於拘泥文字或標籤，並且要認知到，從某個觀點來說，我們永遠都是那擁有這兩極體驗的整合之我，從而使我們能以非常優美又簡單的方式，帶著更多的深度和複雜性來更加了解自己。它的目的並不是要成爲彼此。事實上，我們活在二元和彼我分離中是有道理的，因爲這是我們的學習方式。兩極（有時被體驗爲衝突）促進我們的進化，但究竟來說，一體才是眞相，因此那些與我們的內在陽性面或陰性面匹配的人會最吸引我們。

浪漫又矛盾的是，我們都在尋找自己的完美匹配者——那與我們相似卻又截然相反的人。

【第二部】

性與生命力能量流動

說明

由於本書的交流對象為一般大眾，因此許多關於性與性欲的章節會在社群媒體及其他地方發表。但我覺得從兩極和二元的觀點來洞察性與性欲是很重要的，所以本書的第二部分會涵蓋一些關於性與性欲的主要面向和最有幫助的面向。

請注意，當我們探討乙太能量和性能量如何與人的能量中心關聯時，它們只能作為一種指導原則，因為我們都有自由意志和操縱及改變能量流動方式的力量。在接下來的章節中，我們將探討那些常見的、自然的途徑。讀者在發展個人的練習及運用意志的力量之前，最好按照許多密宗教導的建議先了解、發展、體驗這些途徑。

20 性與高潮

當男人達到高潮而沒有射精，他的能量就會停留在他的陽性面——堅定、專注又強而有力。但如果他射精了，他的能量非常有可能轉換到他的陰性面。他的幹勁不見了，那種自己能徒手破牆的感覺消退了。這男人會變得更柔和，並且根據他的心情（可能是快樂又開心的），他會覺得自己受到啓發、擁有創造力和直覺；或者如果他需要許多內在的療癒和整合的話，他可能只想要睡一覺。

女人的兩極也可能從接納和臣服，轉換到專注和力量感，而這可能不是她當初的渴望。如同我們每個人一樣，她會用自己獨有的方式來詮釋當時的陽性能量。也許她會開始計畫明天、她的假期或其他的事；也許她會靜靜地躺著，享受自己能量內的轉變，而她的兩極在她的身體內不分陰陽地感受到這一切。她可能變得需要被關懷，感覺好像她需要某個人或事物來愛和集中能量，於是又懷著類似崇拜的渴望回到男人身邊。一個常見的畫面是，男人轉過身去呼呼大睡，而女人卻精力充沛地躺在床上盯著天花板好幾個小時。

當女人達到高潮，她的能量會更進入她自己，因此她會更進入陰性面，甚至更加臣服和溫柔。

當男人的親密對象達到高潮時，他釋放了自己的力量，並讓他們的兩極轉變回去，這確實能幫助男人回到他的陽性面。然而對許多女人來說，問題就在於，當她們的陽性感受感覺比男人的陽性感受更占優勢和強烈時，她們會覺得自己無法做到這一點。其潛意識的恐懼是，那一刻的兩極轉換有降低潛能的危險。這種觀點大部分是受到信念的影響，而信念是可以改變的。不過，信念的改變通常並非一夜之間的事。遺憾的是，對許多人來說，這表示男人必須進入生活的壓力，承受痛苦和折磨，直到女人覺得他足夠強大到讓她再次臣服。但如果一直都是男人射精而女人沒有高潮，那麼這個性愛前的壓力循環就會不斷地在他們的伴侶關係或婚姻中重複，如此一來，性愛對男人來說就變成只是壓力的釋放，而女人也因此往往感到失望。儘管近年來這種文化趨勢已有明顯的改善，但對許多人來說，這仍是不爭的事實。

當男人達到高潮而沒有射精，他就能夠停留在他的力量中，從而讓女人更加臣服。當女人達到高潮而男人沒有射精或高潮，同樣的事情也會發生。當女人達到高潮而男人也高潮射精，這會使他們更接近一體的感受，並獲得靈性上的滿足感。只要雙方之間有足夠的不同（那種互相吸引的差異性）及強烈的個性感和健康的小我，它就可能是健康的。除非我們的目標是要超越肉體的層次，否則我們的小我與我們的差異性是同等重要的。兩人之間（不論異性戀或同性戀）的這種連結是能量上的，因此不必仰賴肉體的交合，甚至不必共處一室或在同一個國家。

許多男人（以及少數的女人）往往會無意識地將自己的能量消耗在色情和幻想上，使他們進入自己的不成熟面和陰影的特質。而某些女人（以及少數的男人）能夠信任及臣服於對方，從而幫助他們（男人和女人）回到健康的成熟陽性面。對這些男人來說，學會用其他方法來進入自己的陰性面是非常重要的。同樣的，對那些與這樣的男人在一起的女人來說，學會如何進入自己的陽性面也是非常重要的。事實上，即使我們選擇單身或禁欲，性欲仍是我們運用兩極的關鍵。只是這個最根本的動力在我們身上的表現方式，可能人人都不盡相同。

- 陽性的男人通常應該留意那些使他們進入自己的陰性面、並且不支持他們回到陽性面的女人，因爲這樣會降低人的能量和意識覺知的水平。
- 陰性的女人通常應該留意那些阻止她們體驗自己的陽性面、或總是讓她們進入陽性面的男人。

我們越是變得更加覺察及留意自己的性欲如何在兩極之間移動，我們就越能藉由自我取悅和愛自己的行爲來運用我們內在的這股能量。與別人或伴侶一起做這件事是非常好的，但更棒的禮物是，學會運用我們的性能量來深入自己的成熟陰性面的創造力，然後回到成熟陽性面的目標導向的特質，從而看見自己的靈感透過行動和性能量的運用在這世界彰顯出來。

我鼓勵你，在你與自己或他人進行性活動之後，去探索及注意你內在世界的微妙變化，然後看看你如何能基於這些微妙的差別來更加了解你個人的兩極，以及你是如何進化及發展它的。雖然以這種方式來運用兩極時並沒有正確的答案，並且我們可以隨自己的意願自由地進行心理上的設計，但兩極和二元的宇宙法則永遠會把我們拉回到平衡。

另一件非常重要的事情是，男人要學會在自己的陰性面中高潮，並感受那使自己更深入自己的高潮；女人要學會在自己的陽性面中高潮，並感受那種將自己的力量和能量給予別人的付出。如同本章的內容對同性戀夫妻來說也很重要一樣，當我們學習在（以及使用和爲了）那些與我們的性別無關的特質高潮時，我們必須在心理上和能量上體現那些與我們的肉體性別相反的陽性能量或陰性能量。

了解陽性能量和陰性能量在肉體內的流動方式，有助我們達到這種體現以及我們與自己的性體驗。網路上可以找到來自許多不同地方的相關資源和練習。但如果網路搜尋的成效不彰的話，你可以上這個網站：kundalinibodywork.com。

21 射精與能量

這是非常深奧又重要的主題，因爲關於能量的流動方式及其影響，陽性和陰性能量、男性和女性的身體都各有不同。全方位的成長是我們的首要之務，而我們的內在能量和力量的培養，應該與我們的全面成長和發展相關才是，因此透過書籍教導太多關於不射精的練習是不負責任的。

當男人發展出健康、成熟、整合的自我時，不射精會開始自然發生，而不必使用那些「過度強制忍精的練習」——在我們的心、頭腦和性之間創造一種清晰的連結。在學習練習不射精時，從心去領略的能力乃是成功練習的基石。

針對這個主題進行全面性的了解，可以幫助你看清危險及一些（不是全部）西方密宗老師和性專家們的不負責任教導，他們錯誤地將男人的不射精練習擺在全方位的成長和發展之前。其他的機構和運動則是推廣斷絕高潮和快感，完全阻止了生命力的流動。長遠來看，這些都沒有益處。而道家的練習是最有幫助的，它只建議男人年紀越大就應減少射精的次數，這是可以遵循的良好忠告。

對於要走上不射精之路的男人來說，他的第一要務應該是先療癒自己內在的陰性面，從而與自己的心發展出良好的關係。只要這樣做，其他一切自然水到渠成。傳統的道家練習是與這句話一致的。我們會在接下來的一些章節中，更深入地探討男女的射精和不射精的高潮，以及它們與陰陽整合課的關係。

22 性別、支配與順從

沒有規定，只有指導原則。我們的現實是自己創造的，因此如果我們的體驗與現狀不同，就應該聽從並看它要帶我們去哪裡，以及它要教導我們什麼。然而如果我們改變的現實過大，使我們個人與兩極和二元、家庭、社會、性欲或性別的關係變得沒有幫助，那麼我們可以透過在兩極框架上重新架構我們的處境來向後退幾步。對於那些糾結於性別認同，或長久以來過度認同於專橫的陽性、順從的陰性或其他各種變體的人來說，這一點尤其重要。

然而這並不是說，這些選擇對某人而言就一定是錯的；而是說，產生這些欲望的陰陽兩極的內在整合是比較少見的，因此宇宙也會給我們更少的人來映現或用他們的內在兩極典範來啓發我們，使我們更難看見我們何時及何處與自己不一致、以及與集體意識脫軌，因爲這兩者通常是相關的。

我們的目標應該是以健康和整合的方式，來遵從我們的靈魂和高我的指引，從而有利於整個集體。不論我們的性別選擇或性的渴望是什麼，回到陽性和陰性的自然表現，將有助我們發現自己個人的一致性、內在力量和自由。我們可能由於DNA、教養方式、宗教、甚至是八字（如果我們相信它的話）的緣故而傾向於成爲某種人，但我們永遠有改變的自由意志和選擇，不論我們的選擇是否變得有一點極端。

如果我們的內在眞相已受到那些關於性別的混亂觀念的汙染，而搞不清楚我們主要是陽性還是陰性，並且已經把我們的情感和人格特質變成一個男人或女人、女孩或男孩（因爲別人就是這樣教導我們的），那麼我們的肉體、理智體和情緒體之間的內在一致性就往往會受到扭曲或更難發現。

以這種方式運用陰陽整合課，有助我們找到重新設定的按鈕，而以新的方式來探索我們與性、伴侶、父母和人生的關係。創造這個重新設定的最佳方法就是，去探索我們的兩極帶給我們性快感的地方，而不懷有身爲男人或女人的信條，只單純地運用那些被形容爲陽性面和陰性面的特質；同時注意到我們可以在兩極框架的不健康和陰影區域中找到許多樂趣，並且知道一旦我們使它們健康起來就會發現更多的樂趣。

對某些人來說，變性手術可能是最好的選擇；但對大多數人而言，不分性別地在他們的陽性面和陰性面中找到個人的一致、眞實的表現，對於他們的高我在此生想要學習和體驗的內容來說，會更令人感到自由和有意義。幾乎對於所有人而言，在專橫與順從之間、在不成熟與成熟的表現和渴望中找到平衡，永遠都是更爲健康的生活方式，而不是過度認同或深陷在任何的存在模式中。

性愛中的渴望

當男人接近高潮時，每個女人（包括跟他在一起的那個女人）都成了女神。在印度教中，女神拉莉塔（Lalita）代表摩耶（幻相），是一位具有一千零八張面孔的女性。如果男人在她的身體裡射精，他就會更深陷在幻相（她的現實、摩耶）中。那反映他自身精子的射出，會創造出更多的生命、更多的自我。身爲女神，她渴望這件事；她渴望他的生命和精子來創造更多的生命，從而讓她的摩耶和現實能持續下去。同時她也渴望一個男神，亦即一位能愛她、渴望她，但不會被她勾引、不會失去他的自由意志和失控的男人。她想要一個能帶著許多臨在和覺知來抱著她走出她自己的幻相的男人。其具體的象徵是，男神握著陽具在女神的陰戶中使她達到高潮而不洩精。

我們都希望生命的幻相和彼我分離能持續下去，因爲一體想要認識它自己，但同時我們也想要掙脫、了解我們的幻相及知道眞相。藉由知道眞相，我們便能在幻相中抽離，並從純粹的意識覺知來創造人生。許多人說，這就是密宗和不二論的精華所在，亦即覺醒、意識到我們的幻相，從而塑造我們的幻相。

從我們不成熟的觀點來看，我們想要支配幻相和他人，但同時也想順從於幻相和他人。這兩者永遠都是事實。我們想要成爲專橫又順從的，想要知道我們是神，又想要感覺神在指引我們的人生。當我們懷著恐懼從不成熟的自我在二元中生活，我們通常都會被迫成爲專橫或順從的人——不是控制別人，就是被人控制。一旦我們有了更深的了解，並去除了恐懼，我們就會看見四種渴望都在我們和他人裡頭，它們分別是：

- 成爲專橫的
- 成爲順從的
- 崇拜陰性
- 對陽性奉獻

上述的每個行動都是以我們的焦點所在來描述的。儘管我們的焦點是在這四個的其中一個，但它並不會因此奪走我們對於其他三個的渴望或使它們消失。人生的一把鑰匙是，看出我們在何時扮演這四個部分的哪一個，而必須將其他部分投射（吸引或抗拒）到自身之外。事實上，我們的投射決定了我們的體驗和現實。

當我們不再排斥自己、甚至不再排斥自己的不成熟和陰影的部分時，我們就會開始創造我們眞正愛的世界。那是一個我們可以盡情遊戲並探索自己所有面向的世界，我們會活在當下而不迷失在短暫的幻相中，並且不會過度地認爲自己是陽性或陰性、專橫或順從。

答案永遠都在變化。然而對我們大多數人來說，答案就在於相信自己。只要足夠相信自己，我們就會在生活中找到那些足以讓我們信任到追隨的男人和女人；從我們不成熟面的觀點來說，他們甚至是足以讓我們信任到順從的人。同樣重要的是，我們必須足夠相信自己才能將這份禮物傳送給他人。對我們某些人來說，這只是將意識覺知擴大到超越二元性，超越了可以被書寫下來的眞相。

誠實面對自己的欲望

對男人或陽性準則來說，所謂的欲望，就是受到陰性、美麗和生命的吸引而最後只能臣服，於是我們爲了她的孩子而射出自己的精子，爲了她的生活而交出自己的財富，爲了她的快樂而付出自己的時間。性之所以成爲買賣，是因爲許多男人和不成熟的陽性想要被勾引。然而當陽性以這種方式臣服時，可以說他就死了，因爲兩極會在高潮的峰點改變，男人會變成陰性，女人會變成陽性，而在這一刻，很少男女是眞正快樂的。這些高潮使腦部釋出某種化學物質而使我們感到短暫的快樂，但在內心深處，男女雙方都知道，性不應該以這種方式結束；高潮之後，隨之而來的不應該是無意識。

如果男人和女人想要進化的話，那麼性就必須進化。爲何有這麼多的男人對色情上癮，或把金錢花在那些勾引他們的美女身上？其中的原因是，他們渴望逃脫。因爲他們對二元性還沒有足夠的了解，因此無法駕馭及運用他們的力量，於是他們就把力量交給那取走他們的能量、並隨她的意思改變它的女人。

許多男人並沒有意識到當下發生的事，他們不知道自己是怎麼失去力量的，而只是想恢復力量。但許多人甚至一開始就沒覺察到自己擁有的力量，或那個力量是什麼。他們大部分的時間都是以低意識水平和沉重的振動頻率昏睡般地過日子。

女人想停留在她的陰性面，因爲她喜歡、熱愛、享受自己的莎克蒂本性（Shakti nature），但她也想昇華男人的能量或力量。用隱喻來說，女人一方面想殺死男人，奪走他的力量並消除這世界的無力感；她從男人的眼睛取出太陽，然後給他一個兒子或女兒（月亮）。強烈的性興奮就源自於這些通常是無意識的原始生存信念和設計。另一方面，女人也想要男人成爲無限的力量和愛的來源，使她可以隨時取用不竭。換句話說，她想要男人成爲那照耀月亮和反映生命的太陽。

想要改變，我們就必須更誠實地面對自己，並了解是什麼東西驅動了我們的性欲，以及在什麼時間和地點我們必須阻止它。性應該是一種享受，因此阻止的方式可能隨時都會變化。然而，男人和我們所有人的陽性面都必須學會如何在高潮時保留力量和精子；女人和我們所有人的陰性面都必須學會如何不去奪取、如何不殺死被帶上床的每個男人，以及轉化和昇華性能量的方法。

23

支配的力量

對某些人來說，他們有時會認為自己在做壞事時會產生一種內在的力量。但如同我們正在了解的，好壞不過是頭腦的論斷。事實上，這股力量一直都在那兒。是頭腦在說：「現在我可以允許自己擁有這股力量，因為……」或者：「現在我多少都有力量，因為……」它會創造產生這股力量的自信。在某種程度上，讓頭腦限制我們允許自己擁有的力量是健康的，因為偶爾的匱乏感（更多時候是力量感）有助我們用平衡的形式建構現實。

然而，當頭腦沒有與身體、情緒和高我整合時，我們就會從覺知的支配層面來創造力量的體驗。也因此，我們會去做壞事，而支配別人也帶給我們更多的力量。因為當別人覺得他們的力量變少時，我們就會覺得自己的力量變大；或者當我們有別人不知道的祕密之事時，我們的頭腦就會讓我們感受到力量。

人們在相對小的事情上表現出這種行為，例如順手牽羊，也就是所謂的偷竊癖（但這並不表示偷竊的行為是可接受的），也會令人腎上腺素上升，從而使人產生一種力量感。有些人會對自己愛的人偷偷地做一些稍微惡劣的事，譬如故意給他們餵過多的糖，從而降低他們的身體免疫力。那種從別人身上奪走某樣東西或阻礙別人做某事的感覺，會令人產生一種二元的信念：別人擁有的越少，我就擁有的就越多。同樣的，我們的經濟也是建立在支配的體系上，而我們卻想要從外在去改變那本該從內在改變的東西：

- 我們的行為
- 我們的價值體系
- 我們對生命的信任
- 我們對彼此和更高目的的信任

倘若我們不改變這一點，那麼我們對生命的了解及對金錢的態度就會一直停留在支配的觀點上，而不是合作的觀點。因此，經濟將會在最大的規模上一直維持不變，集體意識也將受到更多的折磨而不是幫助。

力量是會上癮的。對於那些容易受到這種癮頭影響的人來說，他們一不小心就會犯下更大的罪行或發展成暴力傾向。因此對這些人來說，了解這個概念並感受合作的喜悅和樂趣才是當務之急。奪走力量及懲罰那些犯罪和施暴的人只會延續支配的思維，從而造成更多的犯罪和暴力。

那些坐牢的人需要重生改造——他們需要陰影功課；他們必須發展內在的陰性面，從而能夠愛、寬恕和接納自己，以及接納他人。甚至更有爭議的說法是，他們也必須納入性欲來幫助他們發現及療癒自己的內在陰性面。事實上，如果沒有納入性欲，我們很難在心理上和情感上獲得療癒，因爲人生中的每一件事幾乎都與性有關。

重生改造期間如果沒有發展出成熟的陰性面，就很難體現成熟陽性面的特質，而它們正是監獄和其他機構必須培養出來的大多數特質——這些人出獄回到社會後能爲自己的行爲負起責任、控制情緒的爆發、成爲謙遜和無私的人、爲他人保留空間，以表現他們的成熟陽性面和成熟陰性面特質。

24 同理者與自戀者

「每一個自戀者裡頭，都有一個被壓抑的同理者；每一個同理者裡頭，都有一個自戀者被迫透過劣行來平衡生命。」

在一段關係中，某個人視自己爲同理者而視另一個人爲自戀者，那麼認爲自己是同理者的那個人，其內在往往有深刻、無意識、沒有被解決的內疚和羞愧。

用兩極法則和二元法則來了解生命，我們就會明白，有些自戀者確實愛並且完全接納「他們自己」，只不過大多數是接納他們喜歡自己的小我部分，而把他們不喜歡的部分投射到別人身上，或選擇完全的否認。對於大多數表現出強烈自戀特質的人來說，他們必須下的功夫是發展成熟的陽性特質，例如互相依存、合作和無私——那種無私是識破了個體性，並從一種了知和一體的感覺來生活。

一個與自戀者交往的同理者，倘若沒有以健康及平衡的方式來對自己下功夫（例如做陰影功課），就很可能會使自戀者更加自戀。兩極法則、二元法則、吸引力法則和抗拒法則教導我們，最吸引我們的人，就是那些最能代表我們內在的陽性和陰性動力、能成爲我們的良好鏡子、完美地與我們截然相反的人。不過，由於我們大多數人不會將自己評爲「完美」，再者，我們對那造就我們的不同兩極和二元的統合，往往帶有許多不健康的不成熟特性，因此這就意味著我們的「完美」伴侶通常對我們來說是「不好」的。

如果我們是比較同理的人而愛上比較自戀的人，結果後來又變得討厭他們，此時明智的做法是，去研究那些不健康的不成熟象限和兩極框架的陰影，來幫助我們發現哪些地方需要改變，而不是責怪他人、責怪我們的反射。由於大多數同理者只認同友善、愛心和關懷而排斥自己的陰影，因此他們的伴侶就得扮演平衡的角色，特別是同理者會將它無比放大。換句話說，同理者將自己的內疚和羞愧掩藏得越深，自戀者就會表現越多「負面」的行爲，以平衡對方內在無法接納的那些情緒。

可惜的是，大多數的同理者會反駁說，他們「已做好自己的陰影功課，內疚或羞愧已經少之又少」。從意識心來看，可能眞的是如此；但如果我們更深入地觀察自己的無意識心，大部分人會發現不同的眞相。西方社會骨子裡就是自戀的，它是以自我爲中心、受小我驅使及物質主義的，可說是達到不成熟陽性面和陰性面兩者的頂峰。那是懷有強烈的受害者心態的不健康競爭——不論是爲了經濟上的成功而產生受害者，或是在法庭上用法律程序來保護受害者，我們的社會都是相信並支持不健康的受害者心態。然而，西方人內心深處都知道，我們的生活其實是建立在貧窮國家人民的痛苦上。儘管某些狀況已有改善，但我們集體還是有非常深的無意識內疚和羞愧。

許多（但不是所有的）正向肯定語和成功學的練習都教導我們，想要成功的話，就不能有內疚和羞愧。他們的邏輯是：「只要人們專注於自己內在的美好，這世界就會成爲這份美好的反映，正向的心態會產生正向的結果，所以忽視血鑽、軍火交易、食物生產者的環境、血汗工廠和童工，其實並沒有問題。」這些例子還有一長串，但我就此打住，因爲我認爲先讀完本書會對你幫助更大。先談個人轉化再談地球轉化有它的優點，同時也應該是我們的起點，但我們也必須透過修正這個世界（包括我們無意識的內疚和羞愧）來爲地球努力。信不信由你，這樣做將減少這世上的自戀者和自戀行爲的數量。

想檢驗你是否在這些問題上感到內疚和羞愧，只要看看你在讀這些文字時，內心是否有出現防衛的念頭，或者是完全心不在焉，讀了卻不入心。像「話是沒錯，但是我……」、「我也付出許多時間在……」、「我也把錢用在……」之類的反應，就表示你的心開始防衛，並可能想要隱藏無意識的內疚和羞愧。因此想要療癒伴侶的自戀行為，或想吸引不會如此虐待我們的伴侶，首先我們就必須接受這樣的內疚和（或）羞愧：我們是享有特權的；我們是生活在一個別人苦不堪言而我比較不痛苦的社會。我們唯有改變它才能療癒這件事，而改變的第一步就是接受它。

個人的陰影功課，不論是否與性有關，很重要的一點是，不要因為自己執著地想要成為充滿愛和友善的人，而把別人推進壞人的角色。集體的陰影功課（了解人類的陰影）和體現成熟的陽性準則（為人類的陰影負起責任），對於療癒我們下意識的內疚和羞愧（大部分是我們出生承襲而來）來說都是不可或缺的。自戀者和同理者並非天生就比較陽性或陰性，而是綜合的混合體，因此最好是將它們視為原型而不是特質。但了解陰陽兩極框架是療癒此動力的極佳工具。

25 崇拜與尊重

陽性越是崇拜陰性，陰性就越會尊重及獻身於陽性；而陰性越是尊重及獻身於陽性，陽性就會越崇拜陰性。

究竟來說，這種關係就存在於我們自身，並且是我們成長和發展的基礎。此外，只要外在的崇拜與尊重的關係能使我們的人生變得更好玩、更性感、更有樂趣、更值得生活，那麼想要它或擁有它也是沒問題的。

多年以來，崇拜的靈性目的都被嚴重地扭曲了。如果你研究印度教的某些面向（例如密宗），會發現儀式與崇拜的高等目的依然是清楚的，特別是關於性方面。然而，現代包括東西方的許多靈修都錯過了重點。人們迷失在那些做法和儀式中，因而覺得自己與崇拜的對象是分離的，而不是體認出自己與它的互相連結。

類似的情形也發生在我們尊重及重視他人和社會習俗的方式中。尊重及重視往往是作爲一種生存、灌輸、控制或獲取所要之物的手段而強加在我們身上。眞正打從心底的尊重，是用非常不一樣的方式來給予和接受，同時也帶來不一樣的結果。縱觀歷史，許多文化和宗教都尊重及崇拜蓋亞（Gaia），你也可以稱她爲大地之母、地球、帕查瑪瑪（Pachamama）或其他任何稱呼。蓋亞維持著地球上的生命，但她也是人們所知道最具毀滅性的力量，直到後來的原子彈出現。

蓋亞和原子彈的驚人力量都值得受到某種程度的重視。同樣的，許多宗教的男神和女神都被描繪成既寬大又殘酷——不是讓我們上天堂，就是判我們下地獄。這些例子都在描述某種支配我們的高等力量，它可以主宰我們的生死榮枯。儘管人們有時受到支配，但基於某種原因，人們還是渴望崇拜這些使他們生死榮枯和下地獄的高等力量。

撇開所有的宗教涵義不談，有些人會對那些支配及控制他們人生的人產生極大的性興奮，於是就眞的在幻想和現實中交出自己的力量，從而感受到那種來自臣服的情緒衝擊，並透過各種不同的行爲來產生無條件之愛的感受。那些更高的眞相就這樣被誤解了，而那種想要給予和接受無條件之愛的渴望，也可能導致我們採取危險和扭曲的行動。

要將一生積累的錯誤信念、恐懼和社會制約解除設計及去除制約，並非總是容易的。寬恕自己很重要，但同樣重要的是，不要失去那導致我們現在後悔並且必須寬恕的那些行爲的深層意義，如同英國有句話說的，別在潑洗澡水時連孩子也一起扔了。

我們越是愛、寬恕、學習無條件的愛，就會更接觸到自己的力量。從超越的觀點來看，生命就是這麼簡單。可是擁有出於生氣或瞬間由愛轉恨而將光明變成黑暗、或把天堂變成地獄的力量，是一種駭人的本事，於是一群菁英人士就想要控制大眾。但不幸的是，這群菁英大多數都是受到他們的小我欲望的支配，而不是由他們的靈魂或神的連結來主導。

要爲一個眞正由人類的自由意志做主、而非受制於某些人的小我力量的世界做好準備，我們必須學會：

- 傾聽自己的靈魂和它的渴望。
- 使小我的欲望健康，並確保這個動力的平衡。

當我們對尊重（對高等力量或陽性的尊重）進行思考，會發現其中帶有一種想要獲得方向與引導的渴望。這種尊重的舉動會藉由臣服而帶給我們自由，並且我們越是相信某種比我們偉大的東西，我們就會越感到自由。然而從不成熟面來看，這可能使人失去自己的力量——既然神有祂的計畫，我就不必瞎操心了；又或者既然聖書或經典可以引導我解脫，我就不必靠自己的洞察力和了解來自我解脫了。這樣的做法完全是在排斥我們的成熟自我，同時也排斥了大多數宗教教導的深層意涵，並將耶穌之類的導師拒之門外。結果是，我們因為錯解宗教的文獻、寓言和經文而阻礙了自己的進化。事實上，它們是用來幫助引導我們走向自己的健康結果——那是一條走向更大的連結和群體，以及通往了解自己個人的力量、運用自由意志和一體的道路。

藉由臣服而獲得自由，這種事不僅在宗教中發生，同時也出現在心理學上。這就是為何有些人會熱衷於他們與武館師父的關係，或是教堂的結構、軍隊，又或是有些人會那麼痴心於某個足球隊或流行歌手的原因。因為他們的快樂已經不再由自己掌握，而是交付給某個更高的力量。無論是把它交付給神或足球隊都不是那麼重要了。當我們知道自己很難與這更高的力量相提並論時，我們會發現，臣服及體驗陰性面是更容易的事。不論足球比賽中的輸贏如何，我們都因將自己的幸福和喜悅臣服地交給這更高的力量而得到某種快樂。這種歡愉來自於能夠信任自己選擇的球隊，甚至當他們輸了，我們也會因爲寬恕他們而得到無意識的快樂，因爲這是我們的愛和忠誠的眞實展現。

崇拜能使我們在眞正學會無條件地愛自己和他人之前，體驗到無條件之愛的感受。藉由崇拜和白譚崔（white tantra，白譚崔有一部分是透過持咒、祈禱和禪坐來進行崇拜）的修持，我們不再那麼嚴苛地評斷自己，因爲崇拜的行爲將我們置於無條件的愛的無條件給予之境，而這種方式的給予會打開我們的心。這就是爲什麼有些人做完宗教的崇拜後會感覺良好，並且持續這樣做的原因——當我們以這種方式給予，我們的心就會眞正地打開，因此給予愛與接受愛是很相近的。

倘若我們沒有宗教信仰，或不喜歡儀式、足球、崇拜偶像明星，那麼我們可能會選擇透過崇拜及尊重我們的愛人、丈夫或妻子來體驗無條件的愛、信任和臣服。然而，想要被崇拜或尊重可能很容易使我們進入自己的不成熟面，因此我們必須眞正地進化及發展爲獨立的個體，才能讓我們的伴侶以健康的方式體驗崇拜、尊重、無條件的愛、信任和臣服，而這種方式不會將雙方帶進不健康的面向，或以負面方式發展陰影的特質。要記住，讓我們的伴侶或愛人以這種方式愛我們可以打開他們的心，我們也藉由讓他們無條件地給予我們而給了他們最棒的禮物。當我們能夠崇拜男神、女神、蓋亞、我們的愛人、妻子或丈夫，並且知道究竟來說我們都是他們的反映時，每一個崇拜都會成爲愛自己的舉動。

對某些人來說，用這種場景來進行角色扮演的想法可能是對神的褻瀆。對其他人來說，這也會有把更高的眞相扭曲成追逐私利的小我和權力快感的危險性，因此我們必須小心。確保我們沒有陷入自己的不成熟面的最佳方法，就是開始尊重及崇拜自己，並且學會運用那些關於內在的陽性和陰性、成熟和不成熟、健康和不健康、以及陰影的概念。

隨著宗教開始退居次要的位置、變得更脫離人們的生活，我們不應該失去那些強大又有點難以領悟的功課。這些功課能教導我們關於崇拜和尊重之類的概念，同時也包括關於我們每個人都能做到的生命奧祕，無論是瑜伽士的空中飄浮、成就天眼通，或是耶穌治癒病人和將水變成酒。

神，就在我們每個人的心中。

26 臣服、信任、力量與寬恕

本章我們開始要以更靈活的方式來應用兩極框架，並探討「臣服與力量」、「信任與寬恕」之間的關係，以及兩者如何彼此關聯而沒有明顯地將這些特質放在兩極框架上。然而要注意的是，關於什麼是陽性或陰性、成熟或不成熟，並沒有嚴格的標準答案。這通常是由那些可能隨著每個情形變化的個人觀點及看待世界的方式來決定的。

訓練頭腦以兩極和二元的方式來思考，我們便會開始無意識地以看似矛盾的方式應用兩極框架，而這正是它原本的目的。

臣服於高潮

我們來看男女之間的性事。爲了方便舉例，我們假設這是一對處於他的陽性面的男人和她的陰性面的女人。這個女人會想要臣服於陽性，從而讓他的能量澈底改變她。當男人將精子和（或）能量釋放到女人內，它就成爲女人的一部分，而她在那一刻是沒有選擇餘地的；她只能接受它、臣服於它，讓精子所包含的能量成爲她的一部分。

不妙的是，如果男人一直沒照顧好自己，他就會將大量的負面性釋放到女人內。他近來的所有經歷都會轉變成儲存在精子裡的能量和振動頻率，而他現在把精子都釋放到女人內了。這個過程同樣適用於沒有射精和女同性戀的性愛，只是程度上較不嚴重。有些男人對這種事感到難以置信，但許多女人有足夠的敏感度來確認這件事。倘若你不確定的話，可以問問身邊的一些朋友。

如果男人一直將自己照顧得很好，那麼女性伴侶就會對他的能量更加接受，也會更容易運用它——用於增加生命力及顯化（在生活中吸引來她想要的東西）。

在第一個例子中，陽性的能量受到暴力、色情及其他負面特質的汙染，因此這能量進入之後，陰性就很難轉變它，並且可能充滿它。她的振動頻率可能會下降以配合剛才進來的能量，因爲它會壓垮她的穩定性和較高的振動頻率。接著，她會開始以不健康的方式從她的不成熟面來生活及行動，但往往又對當下發生的狀況一無所知。

如果他們的性是快樂的，那麼不成熟面和陰影中的低頻率能量可能感覺起來也是快樂的，因此我們可能從潛意識心靈開始渴望更多對我們「不好」的東西。要避免這種事情發生，女性伴侶就必須保持高振動頻率，才能轉化那些混濁的能量。要在日常生活中做到這一點，她必須專心讓自己成爲完整的人，而不僅是「半個人」；她的成熟陽性面必須強大、保有空間，以及提供智慧、謙遜、無私、洞察力、正念、情感與理智的平衡，因爲這些成熟陽性面的特質能幫助她維持在成熟的陰性面。倘若她和伴侶的內在少了這些特質，她就可能會迅速進入不成熟面而充滿了黑暗和負面性。事實上，陰極的設計就是用來透過愛、寬恕和接納來轉化黑暗和負面性，而透過這個作用，她的陽性伴侶就會變得更加成熟。

當女人能將振動頻率提高到愛的境地，並接納男人（外在的陽性力量）給她的負面能量時，這個負面能量就無法停留，因爲負面能量要停留在我們身上，也必須振動頻率相符合才行。雖然暴露在充分的負面能量中足夠長的時間，我們的振動頻率就可能變低，但高振動頻率能化解負面能量是生活中的普遍事實。當我們處於高振動頻率時，負面能量就會澈底轉變爲我們的自由意志可以利用的原始能量，這就涉及到昆達里尼在人體內的運作方式，因爲昆達里尼是透過內外陰陽能量的兩極而產生的。

我們都必須學會如何轉化負面能量，包括自己和伴侶的內在能量，以及我們在日常生活中接收到的能量。接收能量的途徑不是只有透過性行爲，還包括通勤、購物、看電視和所有靜心之外的各種活動。轉化負面能量、充滿愛、接納和寬恕不僅是女人的事，同時也是我們所有人的內在陰性面的事。因此對男人來說，學會如何透過自己的陰性途徑來運作及轉變能量也是很重要的。

能量在性裡頭會被放大，因此很容易看見兩極，但男人和女人、陽性和陰性會在性的過程中轉化及改變能量。想要在此找到平衡與平等是沒有意義的，因爲它涉及太多的評斷，並且會把我們帶進頭腦裡。最好是去了解，女性伴侶的角色是接受更多及轉化更多，男性伴侶的角色則是給予更多。而唯有女性伴侶做好她的工作時，男性才能收到那被轉化的能量，否則他便只是在損耗能量。

在更理想的情況下，我們在自身之內和外在遇見一個能運用創意、由直覺指引的陰性伴侶。她能與陽性能量、她的陰陽兩極的正面性和負面性、以及他人的各種極端共舞，同時感到充分安全而臣服。在性和其他親密的互動中，不論是臣服於她的內在陽性（透過自我取悅）或外在陽性，她都接受他的一切、接受他的光明與黑暗，而不一定了解或贊同他。也因此，他覺得自己被完全接納，於是他的能量就能提升和轉變。

如果在性交中，男性射精在女性內並且女性也達到高潮，那麼男性也是在臣服，而女性也只能把他們兩人交給陰性面、她的直覺和他們的高我。在那一刻，男性那世俗又自負的陽性力量太弱而無法抓住她。如同本書第二十章所探討的，如果男人達到高潮而沒有射精，他就能停留在他的陽性力量中，並繼續爲女人保有空間；但如果男人射精而女人沒有高潮，那麼男人就會進入他的陰性面，而女人會進入她的陽性面。

在性的尾聲，男人走進陰極而女人走進陽極，這並沒有什麼不對。生命就是透過某一個性別來體驗兩者。女性對於男性釋放到她體內的能量有更大的控制權，她可以任意選擇讓它變成什麼——陰性能用陽性的能量來創造生命，而要創造生命、創造一個孩子，男性就必須交出他的精子並進入他的陰性面。性能量是原始的潛在生命力，我們能用它來生孩子、治療身體，或在精神層面利用它來顯化我們自己和所愛之人的夢想。

在性方面有覺察力的成熟男女從事性活動時，他們可能學會循環及增加他們的能量，並擴大意識覺知直到他們感覺與彼此、自己和神融爲一體，同時也認知到他們是獨立的，並如實地視它爲一種禮物。這對男女越是有意識、覺知和進化，他們就能將這種幸福感維持得更長。

當我們更深入地研究古代東方的性修煉，就會開始發現一些相同的做法。然而首先，淨化我們的身心是非常重要的。這就是爲什麼有些老師在教導這些知識前，會堅持要求學員先做幾年的瑜伽及其他的練習和修煉；這也是爲什麼我在工作坊中教導房中術前，會先透過兩極框架來幫助人們進行情緒上的淨化，使他們了解自己的陰陽能量和動力，並發展出開放的心。此外，道家師父謝明德（Mantak Chia）是這方面身體修煉的重要資源，而將密宗介紹到西方居有大功的奧修也是另一個重要的資源。

男性伴侶必須學會如何……

用直覺傾聽他們的女性伴侶，因此在口頭同意他們只在她各個身體（肉體、理智體、情緒體和靈性體）都處於開放和接受的狀態時才給她能量之後，他們就必須學會（但並非必要，因爲就算沒有也是很快樂）不射精的高潮，從而不浪費自己的身體能量，並提高彼此的連結和性結合的深度。從此，陰陽的臣服動力就會有新的深度。然而在進入這些進階的性修煉之前，個人先帶著相對健康、整合、平衡的成熟（和不成熟）的陰陽狀態進化是非常重要的。對男性來說，這就是體現我們的陰性面來使陽性面進化的過程。我們必須了解，當我們把能量釋放到女性內時，她到底發生了什麼。我們必須學會關心及從過多的負面性和毒害中淨化自己，如此一來，當她想要臣服時，我們才能隨順她。

女性伴侶必須學會如何……

在不想要陽性的能量形塑她們的時候說「不」。她們必須體現自己成熟的內在陽性面和他的強大界限。此時要做的不是去責怪男人，而是先與自己的陽性面建立內在的信任。當你學會信任自己的成熟（強調成熟）陽性面，你就會更容易信任及臣服於另一個人的陽性面。透過發展自己的成熟陽性面，你會培養出那些幫助他人掌握及發展他們的陽性能量的必要技能和覺知。

當我們對他人懷有恨意和復仇心，他們就有控制我們的力量。事實上，阻礙我們進化及妨礙他們轉化的，就是我們的仇恨思維和欠缺如實地接受他們的能力。寬恕能打開心房，並讓我們拿回自己的力量。

透過臣服於自己、自己的因果業力、自己的人生故事、過去的傷痛，以及我們不願去感受和分別好壞的東西，我們就療癒了自己，並使自己擁有脫胎換骨的力量。在某些時刻，當我們有足夠的安全感來臣服於他人（不是臣服於自己）或某個信任的人時，我們便能用不同能量的人來產生能量，並在我們之間循環。我們是彼此創造愛而不是彼此性交，這與任何的性行為截然不同。

臣服即是力量；信任即是寬恕。

信任即是寬恕

信任與寬恕具有相同的情感頻率，並且都有一些最困難的學習功課。反思人生，我們往往會發現，傷害我們最深的就是我們信任的那些人。如果我們認爲信任某個我們相信的人，就代表他們永遠不會做錯事或不會直接、間接地傷害我們，那我們就太天眞了。事實上，信任某人就是接受生命、接受他們帶來的苦與樂。關於信任的某種觀點會說：當我們告訴某人「我信任你」時，我們其實就間接地告訴他們「你值得我寬恕」，儘管他們傷害我們時，我們可能會有不一樣的感受。

這個觀點與「除了你自己，沒人能傷害你」這句話是衝突的。事實上，這句話談的是生命的非物質層面，它有助我們爲自己負起責任。然而當我們愛上某人，我們就使自己容易受到對方行爲的傷害。倘若我們沒有使自己容易受到傷害，那就表示我們其實並沒有眞正地信任他們。因此當對方從他們的不成熟面行動時，我們可能會感到受傷；至於我們選擇如何處理傷痛及從中學習的方式，則是我們個人發展的一種呈現。萬事萬物都是自我的反映，因此我們只會自己傷害自己；就這個意義來說，上述那句話是正確的。然而當我們還活在二元、彼我分離、必須透過連結來體驗快樂時，這個觀點就沒什麼幫助了。對自己和他人更有幫助的做法是，內心知道自己創造了它，但還是告訴對方你的行爲傷害了我。這樣做，他們才可以得到自己必須改變的反饋。

脆弱是通往力量的途徑

要成爲脆弱的，就必須要有足夠的勇氣了解到，即使經歷了傷痛和崩潰，我們也能完好如初。

如果我們害怕成爲脆弱的或不斷地逃避它，我們可能就沒有足夠的安全感和力量來用這種方式面對自己和我們較弱的部分。我們會發現，脆弱、勇氣、力量、受害者心態和怯懦都有類似的振動頻率。將這些情緒放到兩極框架上，我們會發現從勇氣走到力量，我們需要脆弱；而從受害者心態或怯懦走到脆弱，我們需要力量。對於不同的人和狀況，此處的說法可能會有所不同，但前提都是一樣的。換句話說，如果我們沒有足夠的勇氣臣服於自己（及某部分的別人）的負面錯誤和黑暗，就表示我們過於恐懼自己的痛苦和反映，而無法幫助療癒這世界或進化集體意識。

爲了幫助療癒這世界及進化集體意識，我們必須回到自己的不成熟面，並開始使它和所有的欲望都健康起來。如此一來，當我們眞的崩潰時，就能信任自己的完整性和可靠性而在世上創造美好的事物，並採取具有人性的行動。這是陰影功課能使我們既脆弱又強大的方法之一。

心中的寬恕

我們的肉體、情緒體和理智體之間的關係，並非總是容易理解的。在我們與自我尚未達成融洽的關係前要求我們的心去寬恕，就好比要求數學家承認一加一等於三一樣。

我們是由悖論組成的，但理智體可能接受不了悖論。當我們出現不成熟的表現時，我們更可能採取線性思維，導致那些握有更大眞相的抽象概念變得不可理解。事實上，身體有其與生俱來的智慧和悟性，它知道自己該信任什麼。在振動的頻譜中，信任很類似於洞察力和知曉；換句話說，身體就是「知道」，而我們必須學會信任它。

一旦我們相信自己，宇宙就會將我們能夠信任的現實反映回來給我們。然而，我們還是必須學習人生的功課，因此當某人破壞我們的信任後，為了重拾信任，我們就必須找到寬恕之道。

學會在別人身上運用信任和寬恕的動力固然重要，但這個動力也必須用在自己身上。當我們相信自己、覺得我們值得自己的寬恕（或至少知道這是可能的），人生看起來就不一樣了。對某些人來說，寬恕他人能使我們寬恕自己；而對其他人來說，寬恕自己能使我們寬恕他人。

信任主要是在身體中被發現的，而這是透過我們的呼吸。當我們學會深達丹田的深呼吸，我們就學會更加信任自己的情緒和體內的信息，從而使心放鬆下來。

真相是，待在身體裡並不安全，因為我們可能會受傷、失業、失去金錢、無家可歸或發生戰爭。但相信它是不安全的，我們會製造更多的恐懼，並使它變得危險。如此一來，我們要不是真的吸引來自己害怕的東西，要不就是產生過多的保護和防範來抵禦這些東西而無法生活（兩極框架中另一種阻礙肉體、理智和情感一致的扭曲）。打破這種矛盾的唯一方法，就是對自己說謊，告訴我們的身體，生命是安全的。事實的眞相是，當我們相信自己可以自由地生活、愛和快樂，我們就眞的可以如此。

心的狀況也是這樣。當我們衷心地信任人們，我們就敞開自己而成爲脆弱的，因此我們可能受到傷害。但也唯有信任人們，他們才能成爲值得信任的人。所以要信任、信任、再信任！當痛到撕心裂肺時，要相信那個傷痛正是我們現在所需要的。

放下心的防衛

不像我們的身體，我們的心從未曾眞正破碎過。我們的心可能被撕開，但我們可以選擇關閉或反而變得更堅強。唯有上一次的傷痛記憶和恐懼能使我們不再像以前那樣愛人。這是我們身體中的防衛。如果我們曾經被蠟燭燙到或被卡車撞過，那麼這些東西靠近我們時，身體就會自動縮回來。如果我們的內心有所防衛，那麼當潛在的新戀情靠近我們時，我們可能也會在潛意識的層面做出同樣的事。我們會把它們推開，因爲我們還記得那個傷痛。

然而有了一致的肉體、情緒體和理智體，我們就能選擇不一樣的做法。我們可以選擇把心當成肌肉來訓練，而心碎只會使我們的心更有能力去愛，因爲寬恕需要寬大的心，而要寬恕那不可饒恕的，我們就必須讓自己的心更加寬大（做得到或做不到，都沒有比努力朝這個目標前進來得重要）。

當陰陽兩極框架作爲綜合療癒的一部分時，有個工具叫「對話功課」，確實有助於寬恕。它能幫助我們從故事中抽離出來，但不會影響情緒的強度。在這過程中，我們不一定會尋求答案或解決之道，但通常除了寬恕，我們也別無他法。然而關於寬恕，我們可以透過對話功課來使兩件重要的事情發生：

1. 我們喚起體內的情感創傷，發現其微細的藏身之處，而這通常與現有的身體疾病或錯位有關。
2. 我們開始了解當我們需要寬恕別人時，我們的陽性面或陰性面裡有某種東西（通常與我們的母親或父親有關）是不健康、遭到破壞和不成熟的。我們可能會執著於這件事或排斥它，然而一旦了解它是什麼，我們就能寬恕自己和他人。

光是對話功課從非二元的觀點所帶來的深刻洞見，就足以寫成一本書。對話功課發展自完形治療，並且與一種稱爲「觀點療法」的治療技術有關。對話功課獲得眞正的學習的方法是，從頭腦、肉體和情緒體來體驗及詮釋某個故事，然後再回到頭腦。這個過程讓我們透過具體表現那些非屬於我們的觀點，彷彿它們是我們自己的觀點一樣而寬恕了它們，從而使我們了解及療癒世代的創傷。

27 健康的受害者

付出愛與信任

我們內在都有受害者的原型，即使它很少出現。因此我們應該問的是：「我要如何使我內在的受害者（或至少是這個受害者類型的能量）健康？」

對某些人來說，這可能聽起來像是世上最瘋狂的問題，但我們大多數的不成熟面向，其實都有健康和有益的一面。比較容易理解的例子是健康的競爭，而傲慢在進入成熟的謙遜之前，會先成爲應得的尊重。健康的受害者是無條件的愛和信任的一種表現，同時提供創造生命的能量；但這其實並沒有任何的損失，因爲頭腦不再那麼嚴苛地評斷或卡在兩極中。

在內在的層面，我們很容易就可以發現大多數人都在做的事：我們「現在」的苦是爲了「將來」的樂，我們去做討厭的工作是爲了養家活口。我們通常不會將這一類的行動視爲犧性（為愛而作的犧牲），或把自己看成是「受害者」。但是為了在更深的層面上了解這個能量，以及我們內在真實發生的情況，姑且將它看成是受害者是有幫助的。

對我們大多數人而言，當成為受害者（通常帶有性方面的隱含意義）的相關欲望生起，我們會壓抑它，我們會將它評斷為壞的。而在那一刻，如果不好的事情眞的存在，那麼它就可能是壞的。然而在心的層次，並沒有成為受害者這一回事，因為心只想為生命付出、只想創造愛。心並不像頭腦那樣認可或感受到彼我分離。心想要默默地信任，而它信任生命。心為生命付出越多，這世上就有更多的愛，於是心也就有更多的愛可以去體驗。

簡言之，心相信付出愛就會得到愛，萬事萬物無非是愛。

在能量的層次，從某個心/脈輪/能量中心流向另一個心/脈輪/能量中心的能量，是陰性給予陽性，然後陽性再以不同的方式回給陰性。但這比較是關乎能量層面的兩極功課，而不是療癒不健康的受害者心態。

當前的現實表示，心這樣的付出是不安全的，生活會變得不平衡，於是頭腦就阻止我們付出、阻止我們成為受害者。這立刻造成了心與頭腦的不一致，各自想要不同的東西，於是頭腦為了不要成為受害者而把心關閉以保持安全。如果我們都能夠信任，並且自由地給出愛而不害怕受傷或懷疑愛會如何及從何處回來，這世界將會變得非常不一樣。但目前我們這世界的兩極和二元之間的平衡非常不同，而現在就是它該有的樣子，否則它將會是不一樣的。

由幻想反映出來的創傷

心全然地為生命付出時，它達到了高潮，整個身體都高潮了。對男人和女人而言，在生殖的層面，高潮將我們的能量帶到這世界，而性魔法中的性液是顯化的關鍵，於是心的渴望在現實中被顯化和創造出來（與另一人有所連結的話，這會運作得更好，但它並非是必要的）。因此打從心底為另一個人高潮射精，就是為了他們的欲望而「高潮射精（cum）」到這世界或「來（come）」*到這世界。

然而，頭腦通常會阻止我們以這種方式為生命付出，阻止我們打從心底高潮或全然地把愛給另一個人。有時候頭腦（或我們不健康的小我和內在批評者）會以這種方式與我們作對，它要確保我們高潮射精時，我們的性欲和幻想是黑暗的，並且涉及成為受害者或虐待對方來使他們成爲受害者。於是我們就開始將自己封鎖在彼我分離中，而這會將我們帶進不健康的小我並切斷我們的力量。

如果我們較低的三個脈輪或能量中心是不健康的，我們的欲望也會不健康。由於我們不了解自己，因此我們的性、心和頭腦之間是不一致的。在陰影功課中，我們大部分的性幻想與我們乍想下的意義並不相同。它們通常是以反向或謎語的方式運作，類似我們的夢境，因此我們每個人都必須以不同的方式來詮釋我們的陰影和性幻想。例如：

- 被強暴，可能是想要拿回自己的力量，但也可能是想要臣服，或在能量上想要讓陽性拿走我們感到羞恥的一切，包括我們不想與愛人分享的那些記憶、畫面和感受。我們感到羞恥和不值，因此從未全然地交出自己的這些部分，於是我們幻想自己被強暴，在潛意識中渴望某人拿走我們的這些面向。

＊譯注：cum 與 come 的英文發音相同。

• 羞辱性的戀物癖或身體某部分的戀物癖，通常是喜歡別人或自己身體下方的部位，意指你的每一部分都是值得與美麗的（即使幻想是完全相反的，那也是我們所需要的另一極）。

• 在性愛中想要殺人或被殺，通常是渴望小我死亡，而不是眞正的身體死亡。

當我們在較低的能量中心療癒創傷，我們就開始更了解自己，而我們的幻想也會變得與我們眞正想要的東西一致。但這並不表示我們不能跟自己的陰影玩（如果我們樂在其中的話），畢竟性刺激是健康的，而我們的黑暗面也在此幫助我們進化（而不是毀滅我們）。一旦我們眞正完成這個功課，儘管類似的問題還在，但我們已經能用不同的眼光來看待它們。當我們付出時間經營關係，我們的頭腦會想看到平衡和安全感；但從長遠來看，有時候短暫的失衡（心碎）會對我們幫助最大。

雖然沒有正確答案可言，但對自己有更進一步的了解，能幫助我們作出更好的選擇。一旦我們知道，付出能打開我們的心，以及只要有足夠的整合便能同時活出陰陽兩極，那麼心碎就可以變成心的敞開。而以打從心底高潮和高潮射精到這世界的方式來付出能爲我們提供許多東西，尤其是當我們是自由的而不彼此依賴。

由此探索關於臣服、控制、支配、順從和受害者的主題，能幫助我們療癒自己的陰影，以及在我們知道自己是眞正被愛和關心時臣服——來到這世界應該是非常幸福的體驗。因此健康的受害者完全不是受害者，儘管表面上看起來可能會被誤判。健康的受害者了解生命的兩極性，並且默默地信任他們的高我。他們知道付出才能有所得，無條件的愛和寬恕能讓宇宙、本源或上帝創造出美好的事物，並以出其意料的方式帶來生命的禮物。

【第三部】

陰影功課

解說圖 4：不成熟面陰影圖

不成熟陰性面

尋求關注
執著
責怪
操縱、勾引及控制陽性
嫉妒與怨恨
過度情緒化及宣洩
消極抵抗與嫉妒
受害者心態
焦慮
無意識
恐懼或缺乏愛

陰影面 →

不成熟陰性面的陰影

自我傷害
上癮
說謊及誣陷他人
使陽性柔弱及陰性化
心存報復
歇斯底里
恨與刁難
渴望他人的虐待
偏執狂
有害的性行為
恐懼

不成熟陽性面

傲慢
占有
羞辱
仇視、支配及壓迫陰性
自私與貪婪
透過理智切斷關係
競爭
喜愛評斷
逃避
無意識
恐懼或缺乏愛

陰影面 →

不成熟陽性面的陰影

狂妄自大
奴隸主
霸凌
暴力、限制他人、偏見及種族歧視
以自我為中心
冷酷無情
好戰
發號施令
情感上的孤立與自恃
有害的性行為
恐懼

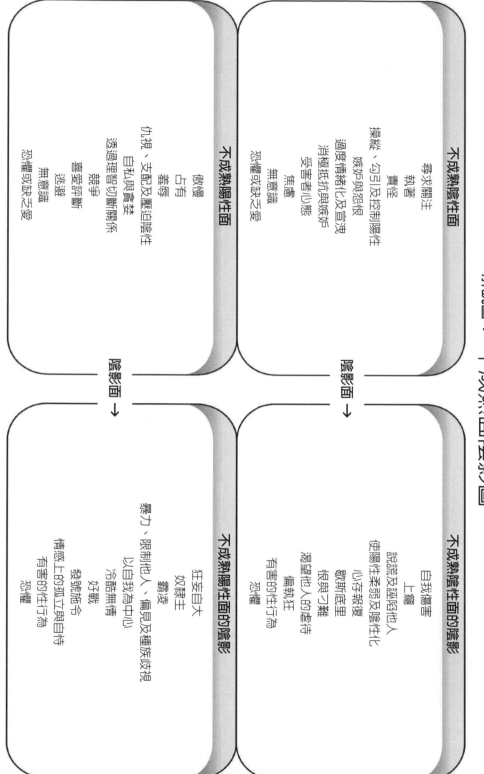

28 陰影

陰影使我們認出光明，並帶給我們行動的方向。當我們無意識地從陰影來行動時，我們的一舉一動就純粹來自於恐懼。事實上，認出我們的陰影就是認出我們的恐懼，並看見它們的用處及它們如何幫助我們。

當進化停滯不前時，我們的陰影能帶來另一層的深度，以幫助我們運用兩極和二元，特別是運用在成熟面和不成熟面、健康面和不健康面，當然還有陽性面和陰性面。

我們可以把陰影看成是不健康的不成熟面的更極端表現，它幾乎沒有什麼健康的面向。將生命帶到如此黑暗的極端，很難對我們有什麼好處；但有時候它確實能帶來好處，至少了解眼前發生的事對我們也是有幫助的。

當我們的不成熟行爲非常強勢，而我們的環境又不斷在增強我們對它的信念時，我們的不成熟面就會更退化。我們在陰陽整合課中稱它爲「陰影」，它跟分析心理學創始人榮格（1875-1961）的研究十分接近。榮格是潛意識心靈相關研究中首先使用「陰影」一詞的人。

關於進化我們的陰影，並沒有直接了當的答案。畢竟人類的心靈是非常複雜的，我們可能必須活用陰陽整合課和其他工具，才能處理那些根深柢固的問題和癮頭。

陰影功課包含許多工具和技巧，在接下來的章節裡，我們會探討其中的一些工具和技巧。促琴・愛力宛（Tsultrim Allione）的著作《餵養內在的魔鬼：解決內在衝突的古老智慧》（*Feeding Your Demons: Ancient Wisdom for Resolving Inner Conflict*）是轉化我們陰影的好選擇，而陰陽整合課則是聚焦在整個主題，以及我們的陰影在兩極與二元中扮演的角色。

29

陰影功課的學派

經過研究與實踐，我認定兩個陰影功課的主要學派。我將第二個學派分成三個範疇，而為了方便，我分別稱它們為第二階、第三階和第四階陰影功課，雖然它們都屬於第二個學派。

- 第一階：整合你的陰影
- 第二階：維持健康的陰影數量來產生力量
- 第三階：發展心的純粹性
- 第四階：在集體意識中下功夫

第一個學派是去愛、整合及療癒我們的陰影，將黑暗轉為光明。這是較為主流的方法，許多人的陰影功課就僅止於此。

第二個方法、學派或第二階陰影功課通常會產生負面的反應，因爲它教我們維持健康的陰影數量來從中汲取力量。

第三階陰影功課是關於發展心的純粹性，其重要性絕不可忽視。

第四階陰影功課則是屬於集體意識的領域。

在所有的陰影功課中，我們都致力於使無意識變成有意識，並減少我們的潛意識心靈與意識心、以及我們的高我之間的隔閡。當我們減少潛意識心靈與意識心之間的障礙，我們與自己的溝通就會產生變化——我們會更了解自己、我們生活的現實和環境、以及時間的本質，並且可能出現更多的特異功能。靜心也有助於這一點，但陰影功課能消除我們對自己眞實面目的恐懼，同時轉化那些我們可能畏懼自己的部分。

傾聽我們的直覺，就是讓自己更廣大、更高的那些部分來教導及指引我們。陰影功課教導我們不要畏懼較低的自我，而是要整合它、使它變健康，從而促進這個過程。

第二階和第三階陰影功課是互相關聯並且可以互換的，而第四階陰影功課是在集體意識中下功夫。你不必按照一至四階的順序來進行，只要信任自己並應用當時最適合你的順序即可。

第四階陰影功課是教導我們同情心、諒解他人、理解那迫使他們不得不作出壞選擇的痛苦，以及一些超越其痛苦的靈魂功課和人生功課。此外，第四階陰影功課也教導我們一體和超越心理概念的無分裂，並開始給我們具體的理解和眞實的知識（關於什麼是「一體」的難以解釋的知識）。在集體意識中下功夫，也是學習更多關於發展自我、減少小我、以及了解更多關於現實創造過程的好方法。

陰影功課通常是教導我們去領會矛盾的狀況，並從中發現智慧，以及帶著致力於進化與平衡的非二元心，從多元的觀點來生活。透過經常在陰影功課中同時專注於進化與平衡，我們就能保有安全，包括利用兩極框架，它是幫助我們能以平衡的方式達成進化的心理指南或地圖。兩極框架教導我們配合二元性來運用兩極以減少受苦，並確保我們能利用受苦來進化，而最終透過發展非二元心來完全改變我們與受苦的關係。

完全否定受苦或害怕受苦是很愚蠢的。排斥受苦會使我們受苦，執著於受苦也會使我們受苦。除非我們活在像佛陀那樣的開悟狀態，否則我們連不執著於受苦都可能搞砸。事實上，不執著於受苦往往是我們對受苦的一種排斥。

想要快樂，我們其實三者都需要：對於受苦的排斥、執著和不執著（別忘了，身體的解除防衛教導我們的身體別執著於受苦）。它們當中，沒有哪一個是對的，也沒有哪一個是錯的，完全端看我們應用它們（排斥、執著和不執著）的方法和時機。它依然是靈活的，沒有固定不變的規則。

找到一致性最困難的部分之一，就是正視我們的陰影。要維持我們的心、頭腦和性之間的一致性，我們就不能在任何層面抗拒我們的欲望。

然而眞相是，我們經常在抗拒。如果我們總是抗拒自己的某一部分（我們評斷爲壞的並認爲是不正確的部分），我們的能量就會卡住及停滯不前。因此當我們卡住時，往往做錯事會變成對的。

在我的心中，本書關於陰影功課的部分是奠基於榮格心理學（你可以稱榮格爲陰影功課心理學的教父，而且我會說他比較像是主流的神祕家，這也是爲什麼有些人會比較偏愛佛洛依德的原因）。榮格與佛洛依德都對陰影功課領域中一些較有爭議的方法有不錯的介紹，同時也涵蓋了基礎知識。

30

強調我們的陰影

探索自己的陰影

強調我們的陰影會帶來風險。我們大多數人的陰影已經夠多了，因此沒必要再製造更多的陰影。然而，了解我們自己和他人的陰影，對於我們利用兩極法則和二元法則方面會有很大的幫助。當某種東西可能殺死我們或使我們陷入極大的危險，我們就會對它有某種尊重，因爲我們珍惜自己的生命。此外，我們也知道及了解它的風險和益處。

陰影功課也差不多是如此。我們越勇於了解自己的陰影，就會知道及受益更多。因此當我們選擇帶著覺知進入更黑暗的地方時，它就會幫助我們成長。但一般來說，人們爲了探索自己的陰影而進入這些黑暗處時，並沒有帶著覺知和意識。結果是，我們可能冒著以下這些風險：失去一部分的自己、受黑暗影響力的誘惑、減少自由意志，以及忘記自己爲何當初會選擇跟現在這個同伴或這些人來探索自我的某些面向。

少了可靠性和完整性的陰影功課是危險的，因爲這可能會削弱我們的自由意志。當我們覺得生活中欠缺足夠的衝突、情緒、熱愛或激情，來突破成爲更高的振動頻率和更令人滿足的體驗時，我們可能會有意或無意地選擇強調自己的陰影。我們的生活沒問題、工作沒問題、家庭沒問題、自身也沒問題，但生命的整體感覺就是卡住了。透過運用自己的黑暗面或陰影，我們能深入自己的憤怒和其他情緒並加以放大和增強，從而感受到更多的熱情，並利用它來突破人生的其他領域。

陰影功課通常與我們的性欲有關，因爲性是兩極的終極表現，也是創造生命的力量。用不同的眼光來看那些被壓抑的（被評斷爲壞的）性欲，通常能帶給我們來自潛意識或高我的訊息。有某種東西是我們要學習的，它通常是關於我們與兩極的關係（我們如何在陰陽兩極框架中運用二元性）以及心理學（我們的個人狀態，一般包括我們的童年、信念和行爲）。但我們越是壓抑自己的原始動物本能，它們就會變得更加扭曲或甚至更變態。

然而並非所有的陰影功課都是性方面的。如同解說圖4所顯示的，每個不成熟的特質都有陰影的面向——我們的極端不健康和極端不成熟的面向。如果我們深入自己的陰影進行探險，我們可能會發現自己處於社會的次文化中，從性愛俱樂部、搏鬥俱樂部、非和平形式的激進主義及抗議活動，到地下音樂圈、美國鄉巴佬節、死亡金屬、搖滾舞池、歌德搖滾、魔法或威卡教團體。這些地方有一些會吸引人們有意識地處理他們的陰影，同時也會吸引那些知道自己需要這種釋放來達到平衡的清醒者。許多人只是想把負面性、失落、痛苦和黑暗作爲平衡的方法，以及作爲情緒煉金術最基本的形式。

不幸的是，有些人之所以如此是因爲迷失和困惑。他們被生命中的創傷和那些控制他們的負面能量及存在體造成的陰影和自我毀滅行爲所消耗。他們因爲恐懼而對自己或他人做出不好的或暴力的事。以我的淺見，這些人必須獲得幫助來運用類似本書的工具以改善自己，同時生活在健康及得到支持的環境中。

主動地改善自己的陰影欲望，不一定是「壞的」或「邪惡的」事。然而現實是，當我們的振動頻率和欲望與「壞的」或「邪惡的」事相符時，它們就會發生，因此我們必須非常小心。

對我們大多數人來說，其實有更好的方法。對於迷失在自己陰影的人而言，吸引力法則和振動頻率可能造成有害的結果，因爲他們的振動頻率變得更沉重、更負面了。二元會永遠對抗這個兩極，並提供希望和出路（一條回到高振動頻率的途徑），但這需要很強的意志力。然而，了解有些人會深陷在自己陰影裡的原因，能給我們另一個不要評斷的理由——不論是他們必須在陰影裡來學習某個功課，還是他們純粹是因爲欠缺知識和了解來作出積極的改變。

我們不知道別人爲何會在人生中選擇某樣東西或某條道路。我們唯一能做的就是試著去理解及信任：他們的道路對他們來說是正確的，並且有助於他們的進化。我們不應將自己認爲最好的東西強加在他們身上，因爲這往往是來自我們不成熟面的支配和操縱的不健康形式。當然，有時候我們對某種狀況的支配和操縱／共同創造，可能是最健康和最必要的一件事。但如果我們沒有高明的直覺和知曉，就很難確定這一點——我們的靈魂在尋求更深的意義時，我們的常識往往是有缺陷的。

接納自己的黑暗面

進入陰影功課時，不受內疚和羞愧的影響並擁有強大的陽性面是很重要的。陽性面虛弱的話，意志也會虛弱而屈服，我們很可能因此而失去自己。我們可以透過參與那些具有更高振動頻率、致力於自我發展和個人超越的次文化活動，來發現更多關於自己的事情，並幫助我們超越那仍存在於大多數傳統和消遣活動中的不成熟陽性面的主導地位。

這些更致力於自我發展和個人超越的團體，有許多會以更有意識和澈底脫胎換骨的方式來主動進行陰影功課：草藥、薩滿、密宗和有意識的情色慶典（sexual festivals）、某些瑜伽社群、多重伴侶和其他的共識社群（intentional communities）、圈圈技術團體（circling groups）、過程導向的心理學，以及其他的自我發展團體。以上僅是列舉一端，它們通常都對陰影功課有很大的關注，只是不用極端或強烈的方式強調而已。

當我們以較為正面的方式重新架構我們的陰影和黑暗，我們與評斷的關係就改變了，並且會採取更具包容性的觀點。當我們變得更有意識，那些無意識的恐懼就會轉化；而當我們有了更多的覺知，我們的陰影就不再是令人討厭的地方——它可能變成烈日下的涼蔭。

幻想和角色扮演是陰影功課更爲簡單又較少風險的做法。找出心中所有被我們評斷爲負面的原型，然後將它們表演出來並給予它們空間，這麼做可以幫助我們更了解自己。以這種方式運用想像力和幻想，可以成爲自我了解和脫胎換骨的強大工具。此外，那些能讓我們以輕鬆有趣的方式表現自己的陰影的表演課程、即興戲劇和其他創作社團，也是非常棒的方法。

不過，許多人必須在陰影的表達中呈現某種程度的性欲，才能完全地受益。少了它，我們可能就無法全然地表現自己，從而無法實現自己的所有潛能。少了性欲的表現，那麼就算找出完全一致又眞實的自我是可能的，它也會是非常困難的。倘若我們對性欲感到罪惡和羞恥而不敢表現它，我們要找出一致又眞實的自我，就需要有一個安全的空間來轉化這些與陰影相關的性欲，同時消除這些罪惡和羞恥的感覺來讓我們擁有健康的性欲。

當我們無懼又有意識時就會明白，我們的黑暗面其實是個禮物，如何正確利用它則是一種藝術。

某些共識社群和生態村會使用一種稱爲「論壇」的工具。它允許大家公開生活和關係中各個方面的創意表達，其中也包括性事。透過角色扮演和戲劇，整個團體體驗到那造成衝突或痛苦的某個情境的不同面向和觀點，從而使團體中的每個人都能獲得更大的覺知。人們會以更有趣的方式來表現對某人或某種狀況的憤怒，情境中的嫉妒表現會引發共鳴，從而使人們能從團體的成員身上學到自己的功課。

這使我們明白一件事：生活中的故事或戲碼其實並不是我們，而是我們能從中學習和受益的共同主題。它能迅速地給我們多元的觀點，使更深入的個人答案浮現。我們通常會懷著趣味感而興奮不已，每個參與者也都體驗到廣泛和交雜的各種情緒。

有意識的性解放運動和情色慶典，也爲人類一起接納及審視自己陰影的開創道路上取得重大的進展。儘管這些團體看似有許多的陰影，但他們對於自己在有意識的性欲中的失敗和學習是最坦誠的。在這些團體中擁有強大的陽性面非常重要，否則眞的會有淪爲受害者的風險。此外，這些團體所教導的內容，其中有許多都與發展陽性準則和陰性準則有關。

了解陰影功課更極端的做法，能使我們的心明白它的重要，從而幫助我們在表演、角色扮演和論壇之類的圈子中不會感到尷尬。我們有些人永遠不必強調自己的陰影。認識它，然後轉化我們現有的東西，通常就已經足夠了。

在尚未掌握兩極框架的概念和眞實體驗整合的陰影之前，就過於深入第三階和第四階陰影功課是不負責任的。陰影功課本身是矛盾的，但如果要以健康及平衡的方式來脫胎換骨，就必須從經驗來學習陰影功課。

陰影功課的基礎不僅重要，並且在我們決定自己是否要將更深入的陰影功課整合到生活中（並非人人都有此必要）之前，就必須精通它。

記住這一點會有幫助：第三階陰影功課是關於發展心的純粹性，而第四階陰影功課是與集體意識合作。當我們在整合及賦予現有的陰影意義時，可以透過在更基礎的陰影功課中懷有更高的理想和抱負來使它更加完整。

31 轉化我們的陰影

轉化陰影時，加入成熟的陽性和陰性影響力是有幫助的，但有時把焦點放在不成熟的表現上也會有所幫助。處理陽性面的不成熟陰影時，成熟的陰性面會提供陽性面回到他的成熟表現所需要的那些特質。成熟的陽性面會充當不成熟陽性面和他的陰影的行為榜樣，或那專橫男孩的父親或導師；反過來說，成熟的陰性面會成爲那被寵壞的女孩的母親。

當我們在自己的成熟表現中穩如泰山（與先前不成熟面拖垮對應的成熟面的例子不同），不成熟的陽性面可能無法拖垮成熟的陰性面，而不成熟的陰性面也可能無法拖垮成熟的陽性面。相反的，不成熟面只會進入他或她的陰影中，讓其對應的一極維持成熟（再讀一次以確保了解會比較好：相反的，不成熟面只會進入他或她的陰影中，讓其對應的一極維持成熟）。

成熟面的正面特質、屬性、心態和信念，已經固定在當事人的心靈中，因此它對他們是誰而言極為重要。他們的行為可能是反應式的而不是帶著覺察，但仍展現出成熟的特質。成熟面中的反應式行為，通常是不健康成熟面的一種表現。這是在真正學會陰影和不成熟的自我教給我們的那些功課之前，使用催眠或其他重新設定潛意識心靈的方法所可能導致的不良後果。事實上，催眠之類的方法可以有所幫助，只是我們必須小心別誤用它們，也不要在尚未做好萬全準備的狀態下去重新設定我們的潛意識心靈。

如果我們拿走所有的陰影和不成熟的面向，我們也就拿走了那要教導我們及幫助我們進化的痛苦。我們可能都想成為理想的人，這當然也會帶來某種程度的成功，但我們的人格特質可能會變得膚淺，而我們的小我也會失去深度、重要性，以及最重要的，真正的同情心。

這比較像是把我們的頭腦當成電腦來使用，而不是把意識擴展到比頭腦和小我還大。當我們利用催眠或其他方法來與潛意識合作時，最好能確定我們接受了生命給我們的所有禮物，並確實從我們的經驗中學習。人生是功課，而我們的痛苦是偉大的老師。換句話說，接受我們的痛苦會比逃避它來得更好，一如魯米（1207-1273）所言：「痛苦的療癒之道就是痛苦。」

實例

若有難懂之處，就拿出陰陽鏡像圖。

我們來看一位有非常成熟陽性面的男子。大體上來說，他很聰明、有情感以及心理上的平衡，但他突然遭逢心碎之事。

他的不成熟陰性面會試著將他帶入受害者心態，這通常是呈現爲某種不健康的表現。如果他的成熟陽性面缺乏智慧和洞察力，來把他的不成熟陰性面從受害者的表現進化到有創意和成功率大的成熟表現，他便會出於熟悉而停留在他的成熟陽性面中。

出於熟悉（而不是正念）而停留在成熟面中，會產生陰影。當他的成熟陽性面的其他部分有了完整性和洞察力，他的陰性面通常也會回歸成熟。他的成熟陰性面愛並且接納存在的一切，因此也會愛及接納陰性面的新的不成熟陰影。

不成熟陰性面的受害者陰影透過各種方法渴望虐待。它可能是酗酒、賭博、色情、過度飲食，以及其他爲人所知和不爲人知的與陽性或陰性相關的自虐形式。有意識或無意識地，這位男子開始從他的陰性面陰影來尋找其他人傷害他，以重新產生痛苦的體驗，因爲他在無意識的層面知道，他需要痛苦來療癒，如同魯米告訴我們的：「痛苦的療癒之道就是痛苦。」

他越來越深入自己的痛苦中，因爲他的潛意識心靈相信，這能增進他的成熟陽性面的深度。他進入自己陰性面的陰影，好讓他的成熟陽性面能知道他所做的事，然後清醒過來，並且進化；或者，讓他進入自己的成熟陰性面，然後用類似的方式治療他的陰性面陰影（那一刻，你會知道哪一種方式最適合你）。這是很常見的潛意識心理模式，它的出現能幫助我們從自己的痛苦中學習。可惜在這個例子中，他的成熟陽性面太過於麻木而無法提供幫助，而他的頭腦也創造了那些使他無法看見健康的解決之道或出路的規則和信念。

同時發生的還有另外兩件事，但它們對這個過程並沒有幫助：

1. 首先是振動法則和吸引力法則。簡單來說就是：我們的振動頻率是什麼，就會吸引來什麼。因此如果我們的振動頻率是虐待的頻率、想的是虐待的事情、不斷地想著及重新活在虐待的創傷回憶中，我們就會吸引更多的虐待之事。但如果我們一直都是擁有愛、金錢、喜悅和幸福，我們就會繼續吸引愛、金錢、喜悅和幸福。

2. 再者是能量守恆定律，或所謂的熱力學第一定律。它說的是：在封閉的系統中，能量無法被創造或消滅，它只能轉化。

能量會遵循某種模式並重複它自身，直到轉化發生。我們大腦中的神經模式不斷地一再重複，這能使我們的不健康和反應式的小我感到安全，因爲它可以對眼前發生之事有所參照。可惜的是，小我的潛意識是因爲熟悉而感到安全，而這會造成上癮和不健康的反應式行爲。如果人們不知道如何改變，以及在更深的層次學習創傷和痛苦所要教導的功課，那麼無論他們有多麼想要改變也是無濟於事。

一般來說，人們只會調整振動頻率或心理設定，但找出痛苦中的功課也很重要，因爲它能使我們成爲更廣大、更有智慧、更強大、更好版本的自己。當我們的基礎是建立在自己生活經驗的領悟，我們的成熟陽性面便能代表及涵蓋我們所有的一切。我們能保有自己的界限，因爲我們了解自己並且知道眞相是什麼。發自內在知曉的行動，會比源自理智的權威性行動來得更有力量。

在上述的例子中，男子的陽性面主要是停留在「成熟的」表現上。他仍在外面的世界表現他的成熟陰性面的理想，因此他可能看起來還不錯，好像沒有任何的陰影面向。但是從這個地方，他的陰影可能開始彰顯出自我毀滅的行爲和上癮。這就是爲什麼許多人對「你變得越光明就會變得越黑暗」之類的說法好像都會心有戚戚的原因，因爲這在某種程度上確實是事實，特別是當我們具有某種產生更多陰影的不健康成熟特質時，它就可以進化。但這絕對不是「眞相」。事實上，我們可以採用更加健康的觀點和眞相來幫助我們活出自己的人生。

在愛的關係和父母的角色中，我們會更容易看見，我們排斥他們的部分通常就在我們自己裡頭。如果我們發展出足夠的意識覺知，我們也會看見，我們排斥自己的部分通常就在他們的陰影裡。我們越是注意到排斥別人就是排斥自己，我們就會開始拿回自己的力量（我們一直阻礙自己取得這個力量），而不必再受困於受害者心態及其產生的非黑即白的二元看法。

我們成爲自己的生命主人和建築師。

我們可能發現，我們以前所相信的部分眞相變得更強烈了，彷彿它們正在奮力一搏以證明它們是對的，它們正在奮力一搏來爭取我們的關注和時間。

「每個正面的念頭必然伴隨著負面的念頭」這個眞相，可能會想把我們的意識改回到更黑白分明的現實。永遠要記住，這兩者有時候是眞的，但不是一直都是眞的。那些通常是眞實的東西，不過是出於我們的選擇和自由意志。況且讓全人類相信人生十之八九是愛、喜悅和幸福而不是痛苦，這也完全沒問題。

生命是多維度的，而唯一「錯誤」的事情是，認爲我們知道眞相，認爲我們的神是至高無上的，因爲這種想法會阻礙我們體驗生命、體驗神和成長爲人。我們應該利用這些內在的戰鬥和感受，作爲我們對自己所想像的正面願景和抱負的一種測試。我們永遠都有選擇；我們永遠都有自由意志。能運用自己的選擇和自由意志，便能擺脫不健康的小我而進入健康的小我，不論我們在那一刻是否選擇成爲成熟或不成熟。

即使是那些看似已經進化、從成熟和整合的自我來行動的智者、受尊敬的人、導師、神職人員、上師之類的人，他們仍可能像上述的例子一樣，具有非常大的自我毀滅的陰影。

事實上，我們的陰影只是兩極和二元的另一種表現，我們必須從中學習並療癒它來使自己產生更好的表現，不論我們是不是開悟了。開悟的人還是有小我，他們仍會有表現過去的獨特性的人格特質。陽性面的不成熟陰影不一定會直接引發對應的陰性面的不成熟陰影。不成熟和成熟的表現通常會以健康和不健康的方式來彼此互相引發。然而，陰影是更加複雜的，並且與自然的極性過於不一致，而使我們無法輕易地了解它。儘管兩極框架是療癒和轉化陰影很棒的工具，但我們也必須願意多下一點功夫來應用它。

原型

榮格把「原型」形容爲「高度發展的集體無意識元素」。他將原型分成十二種，但縱觀人類的歷史和文化，原型的數量不僅難以計數，每個原型的意義對每個人來說也都不太一樣。其中有許多原型主要都與陽性和陰性有關，例如少女與騎士，或國王與皇后。

榮格也談論到阿尼瑪（Anima）和阿尼瑪斯（Animus）這兩種原型。阿尼瑪是那被導向內在的心靈部分，它觸及到潛意識，並且是男性人格特質中的陰性部分。阿尼瑪斯是做某件事情的動機，同時也是女性人格特質中的陽性部分。

原型會在某一個點上變得相當複雜，而無法再與陽性或陰性產生關聯。例如：

- 孩童、孤兒、受傷的小孩、內在小孩
- 情人
- 小丑、弄臣、流浪漢、丑角
- 遠見者、創造者、革命家
- 引導者、治療師、導師
- 追尋者、流浪者、門徒、夢想家

這些原型過於複雜而呈現爲陽性和陰性、成熟和不成熟的混合體。當我們在尋找從自己的不成熟面或「更黑暗的陰影自我」進化的方法時，思考那些與我們的情況相呼應的原型是非常有用的。然而我們必須記住，某個原型的意義及我們的潛意識心靈如何詮釋它，永遠都會依個人的知識和理解而有所不同（至少除非是有人告訴我們不一樣的東西）。

騎士、國王、皇后、公主、女巫、魔法師和戰士，是經常用於西方的自我發展、神祕主義和心理學的原型或角色，並且各有其刻板的性別印象。但透過致力於進化我們內在的這些原型，或是去了解它們的動力是如何出現在其他的原型中而不論其性別，則能揭露出兩極框架試著要幫助我們了解的另一種層次的悖論。

解釋這一點的最佳比喻是，看看塔羅牌中的所有原型是如何被設計用來與你的生活經驗產生關聯和說明，就如同《易經》所用的六十四種不同的人生途徑一樣。不要在原型功課中讓自己的心思侷限在性別上，而是聚焦在原型的整合來作爲自己當時的整合和理解的反思，我們就能給予自己多樣性的禮物和最佳的成長機會。

在藏傳佛教的密法中，僧人會對本尊圖像、神性表達（divine expressions）和神的面向進行禪修，直到他們感覺自己能將這些本尊的精華吸收到自己身上，並成爲神的神性表達。印度教也是以類似的方式運作，他們有許多被視爲原型的印度男神和女神。同樣的，埃及也是類似的情形，他們有代表不同社會面向的各種神明；美洲原住民、澳洲原住民和非洲的某些地區，他們有更多的薩滿原型，並透過動物和自然界來描繪他們體驗生活的方式。而在西方，我們通常是從更中古的時代來獲取原型，並透過國王、皇后、公主、騎士、女祭司、女巫、男巫、戰士、情人等來表現等級和階層。

運用原型時，別將自己侷限在某個文化或某種生活方式中。有越廣闊的想像力來發展潛意識心靈，我們就越能意識到它及了解它。事實上，在做完原型功課後回到共同現實的穩定感是非常重要的，否則我們就會過於脫離集體意識和共同的現實。

32

好壞的幻相

執著產生好壞的信念

好壞不屬於二元，因爲它們並非像日夜、陰陽或冷熱那樣是眞實的兩極。事實上，好壞是個人的喜好和評斷所產生的一種信念，並且通常只適用於某個特定時刻。注意一下我們爲什麼不說「不健康的不成熟面」是壞的——有時候不成熟面是不健康的，有時候它並不是不健康的。競爭、擁有某樣東西、迴避某人或某事、評斷，它們並非永遠都是「壞的」；或者當我們從陰性面來行動時，那種執著、勾引、偶爾的焦慮或想得到關注的渴望，也並非永遠是「壞的」。我們必須成爲眞實的。從眞實中，轉化才會發生：也許我們有非常好的理由感到焦慮，因爲沒有那個焦慮感，我們便可能走進某種危險的情境。

當我們可以放下頭腦和不健康的小我，並讓我們的眞實表現和身體的智慧引導我們時，我們就能捨棄自己那些匱乏、不快樂、痛苦、羞愧、制約的信念：我們對於親密的渴望和勾引情人的舉動，可能不是來自我們成熟的自我，但它們可能帶領我們走向人生中最珍貴的某些時刻。

當我們覺得自己的不成熟面是「壞的」，我們就在製造一種會增強不成熟行爲的評斷。壞的、罪惡和羞恥的感覺，會妨礙我們學習自己的功課和轉化。從靈性的觀點我們會認爲（從不成熟的觀點我們會評斷）許多事物是不健康的，然而從生活在二元中、身而爲人、經歷衝突的觀點來看，有時候我們會想要或需要競爭，因爲這會使我們更加強大。失敗能教給我們許多東西。它能教導我們謙遜的力量，以及領悟到認爲自己的方法永遠是最好的乃是一種傲慢。透過失敗（雖然這並非唯一的方法），不成熟陽性面終將學會釋放及接納成熟陽性面的合作與互相依存，而這世界亟需這兩者。

這世界需要合作與互相依存。

當我們進化世上的戰爭（那些爲了公平、正義和民主的戰爭，以及那些爲了資源、權力和控制的戰爭），就會轉向內在。我們會製造更多的緊張、更多的兩極、更多的動亂、更多的陰影，直到最終找出成熟陽性面的雙贏之道，並找到內在的平靜、無私、自我接納和愛自己。一旦我們內在有了這些東西，它們就透過這世界反映回來給我們。我們或許還是會發生衝突及引發小型戰爭來幫助我們進化和發展，但大部分來說，以及從那一刻開始，我們便能享受人生。因此不論有多麼艱難，都絕對不要自我放棄。

爲了讓愛與和平的感覺能以具體的方式反映到整個世界，我們必須在集體意識中達到某個臨界量才行。因此越多的男人和女人從他們的成熟陽性面來行動及作出選擇、聽從他們陰性面的話，我們就會越快達到這個臨界量，而我們的內在、家庭和伴侶關係及整個世界也會越快發生積極的改變。

最終，這三件事都是一樣的。每當我們想改變自己、我們愛的人或這世界時，最好是尋求及採取那些有助於個人和地球轉化的行動。

有時候，我們會有所執著，而這些執著可能會讓我們卡住、陷入困境，並使我們與生命的更深了解、幸福、快樂、喜悅絕緣。然而其他時候，這些執著可以給予我們必要的安全和保障，從而能夠放下那些妨礙我們成長的東西，亦即放下我們的執著。當我們發展出對自己的信任、對宇宙法則的信任、對宇宙的反映本質的信任、對我們內在頻率創造我們的現實的信任時，這會變得容易許多。

沒有任何母親會覺得執著於自己的孩子的幸福是壞的。終究來說，母親越不執著，孩子就會得到越多的自由和幸福。在這個動力中，我們唯一能視爲錯誤的是，認爲執著是壞的，因爲這樣勢必會使執著變得比之前更不健康。不成熟的自我既不是好的，也不是壞的，但它往往是不健康的。有時候競爭是我們想要及必須的，但其他的時候則否。當競爭是不健康的，我們就必須透過更加善用自己所有的成熟特質、思索陰性面中對應的不成熟特質、以及它們如何支撐我們的不健康行爲，來把它變爲健康的表現。

或者，我們必須進化它。我們進化它，但不是透過進入陽性面中競爭的成熟表現（亦即無私），而是透過成熟陰性面中對應於競爭的表現（亦即接納）。接納會將不健康的競爭變成無私（成熟陽性面的一種表現）。由此，我們也會更容易回到競爭，並檢視我們如何使它變得健康，因爲我們的競爭本質已不再受恐懼的左右。

當我們能夠輕鬆、不緊張、無懼地競爭，了解我們永遠只是在跟自己競爭，並且知道倘若我們確實必須採取行動來「擊敗」別人，我們也是在使他們變得更強大，那麼我們就將掌握（或至少現在是接近掌握）健康的競爭。

本書從頭到尾都在透過各種例子重複說明一個基本前提，那就是關於如何把不成熟進化爲成熟，從而使不成熟面變得健康。這就是爲什麼我們會說：「你越想要成爲陰性，你就必須變得更陽性；你越想要成爲陽性，你就必須變得更陰性。」我們越早能從陰性面體驗到接納來使我們的不成熟面健康，我們就會更快在日常生活中出現整合的高我，並開始知道我們眞正的本來面目，而好壞不過是我們用來了解自己的幻相而已。

苦樂的循環

每次我們通過高潮與低潮的循環來前進，我們就獲得更大的覺知。這些循環可以是陰陽、苦樂、執著與超然、或生活中任何其他兩極的混合體。我們人生中體驗到的痛苦，是由我們的理解、執著和評斷所形成的。當我們從接納的角度來面對生活，我們就創造出眞實又持久的幸福。那是一種非依託於我們自己或他人的不幸的幸福，同時也是那看似「壞的」事物發生時所無法破壞的幸福。眞實的幸福類似於用那創造深度和多樣性的能力來提高我們的振動頻率。當我們逃避痛苦而執著於快樂時，我們就被困住了。我們無法提高自己的振動頻率，於是就在某個受限的情緒範圍之間上上下下。

我們對痛苦的排斥與我們對快樂的執著，使我們深陷在自己的不成熟面和陰影的特質中。

成熟陰性面本質上就是快樂的，因爲她不帶評斷地接納及接受人生的一切，而這正是我們的轉化關鍵。如果我們少一些評斷、多一些接納，我們便能在淚水和怒火中找到快樂和喜悅。特別是當我們的內在陽性面是成熟的，從而能保持正念和觀察力來讓我們的陰性面有更多的表現空間。

33

社會與女權主義中的陰影

集體陰影

我們如何對待別人，直接反映出我們如何對待自己。這一了解與領悟越來越普遍為人所接受。數千年來，聖經、可蘭經、吠陀經和其他宗教文獻都已經告訴我們這一點。從這個觀點來看，當我們看見人們從他們的不成熟面來行動時，我們的正確做法是，從我們的成熟面來行動以幫助他們進化。

遺憾的是，這與操縱僅有一線之隔。然而如果某人覺得被我們攻擊或操縱，這可能表示我們的不成熟面或陰影在某處作怪，或者他們有嚴重的自戀傾向和巨大的陰影。等到我們完美無瑕時再來幫助他們可能不太實際。我們應該對自己要有足夠的認識，並且一出手便能眞正幫助到他們。當然，如果我們看見虐待的行為，那麼不論我們覺得自己準備到何種程度，我們都可能想要並且應該採取行動。以非常不健康的方式表現我們的不成熟面或許是正確的行動方針，如果它已經是我們當時盡全力去做的。

許多必要的社會運動是由那些來自不成熟面的行動所引發的。一直以來，這些運動處理的是更大的集體陰影，從女權主義到結束種族隔離制度、工人罷工、平權和內戰。這些運動中的驅動力和理想通常是來自成熟面的表現，但上戰場的卻是不成熟面。不論贏得戰爭的是哪個種族、性別、薪資等級、國家或宗教，每個場景中都是不成熟陽性面在主宰結果。

唯一能對全球眞正造成改變的方法，就是進化我們自己和集體意識，而我們的社會體系也必須成爲成熟的陽性面及陰性面的表現和反映。

我們仔細看解說圖就會發現，人類有很長的一段歷史，陽性面的陰影對於人有最大的力量和影響力。幸運的是，如今這已開始發生轉變，我們可以在這世界看見更多的陽性面和陰性面的成熟表現。

不要貶抑陽性面和過度強調陰性面是非常重要的。我們每個人身上的成熟陰性面對於促進持久的全球改變至關重要，但成熟陰性面只能藉由成熟陽性面才能完全崛起。少了其中一個，我們就得不到另一個。成熟陽性面在我們的世界中已經很罕見了，尤其是握有權力的那些人。但它終究在改變中。

一個我們所有人都能讚賞陽性而不是畏懼它的時代已經開始了。然而，對身爲男人或陽性而感到罪惡，或是對男人和陽性的特質懷有敵意，都會使這個過程緩慢下來。如同女人從陽性面來行動以平衡權力一樣，在這個動力中，性別並不重要。

女權主義

如果一個女人覺得她的陰性特質受到邊緣化，而她以傳統女權主義的方式讓自己變得更男性化來進行抗爭，這其實會減弱她的陰性特質，並助長不成熟陽性面的主導力量。

事實上，「抗爭」與身爲男人或女人無關。我們之所以會覺得抗爭與男人有關，是因爲性別所凸顯的那些主要特質。男人天生就被制約成更加陽性，而女人天生就被制約成更加陰性，因此在不成熟的社會中，男人會更有權力。

我們必須了解，這永遠不是性別的戰爭，而是不成熟陽性面的本質和動力就是會製造分裂，並壓制別人以對他們進行支配。這個動力我們每個人身上都有，但除非我們在自己身上接納它，否則我們就不可能使它健康，我們就無法在更大的整體中使它健康或轉化它。在這個場景中，最必要採取行動的是我們的成熟陰性面，如此一來，她才能讓成熟陽性面崛起。

然而這並不是說，近代發生的那些關於性別與平權的事是錯的。事實上，它們是改變的必要過程。在這世界的某些地方，這種傳統女權主義的方式仍是改變極為必要的模式。也許有其他更好的做法，但是當太多壓迫女性的事情發生時，就意味著男人和女人中的不成熟陽性面可能要戰鬥了。從短期來看，為了眾人的利益，女人身上的不成熟陽性面必須取得勝利。

一旦這場抗爭取得勝利，那就如同許多西方國家一樣，兩性大致就處於平等的地位。接著，我們就不應在兩性中追求平等，而是在陽陰的動力中尋求平衡。

要知道，成熟陽性面是社會中最被邊緣化的，因為它對經濟的貢獻最小，而金錢（經濟）在很大的程度上控制了整個社會。因此如果給成熟陽性面更多的時間和空間，女性將會在個人和社會的層面獲益最大——那是一個對於道德、價值觀、人類發展和幸福，幾乎像關心經濟和生存問題一樣的社會。這個過程在西方已經比較完善（至少在我心目中已經夠完善了），因爲西方的女性和女權運動比較把注意力放在協助男人成熟，而不是從她們的不成熟面來與他們抗爭。

一個不論男女都有更多成熟陽性面的世界，將會是更加公平、更加平衡的世界。

34 二元性的反抗

有時候我們可能一切都做得很好，但卻感覺內心的魔鬼越來越大。事實上，這是來自生命的考驗。這是我們自己給自己的考驗，用來測試我們是否眞正準備好我們正在做出的轉變。

就像能量喜歡重複自己並依循相同的流動一樣，我們的頭腦也喜歡保持事物的熟悉感。我們的潛意識和不健康的小我可能嘗試各種頭腦的把戲，來維持我們舊有的思維模式和振動頻率，從而使我們的能量流動保持不變。熟悉是上癮的心理根源。我們越是覺察，就越能看見成癮的頭腦，從而選擇遠離它。

當我們了解了陰陽整合課，並用整合的療癒技巧將它應用在更多的生活情境中，我們便可以更輕鬆地轉化舊有的模式、習慣和行爲。

好消息是，如果我們這項功課做得正確，而我們的陰影和內心的魔鬼感覺好像變得越來越大，那就表示我們做對了。當我們的振動頻率提升，就會覺察到過去早已存在於陰影裡的東西。我們會對它變得更加敏感，因此它也會對我們造成更顯著的影響。

注意別過度將注意力放在我們評斷爲負面的事物，而是要放在健康的欲望上，否則我們就會製造新的陰影或加強舊有的陰影。

當我們選擇有意識地利用創造性的緊張感並減少評斷時，人生就變得更輕鬆了。生活中的緊張感爲我們帶來引導我們在世上行動的新潛力、創造的衝動和靈感。有時候我們可能覺得自己被困在二元的平衡中，我們做的每一件美好、良善、健康的事情，都迫使我們做出負面和無意識的行爲。我們越是做瑜伽和靜心，就越想看色情片、吃蛋糕和飲酒，因爲不健康的小我正在爲舊有的振動頻率和熟悉的模式奮戰。

這往往感覺像是一場生死之鬥，但其實死去的不是我們或我們的靈魂，而是我們的創傷所創造的行爲模式。我們必須找到自己運用它的方式，必要時也要自律，並給自己的不健康欲望和陰影欲望足夠的空間，如此一來，我們才不會壓抑它們，而是看見它們要教導我們什麼。

如同運用陰陽整合課的大多數例子一樣，要回應二元的反抗，我們往往必須：

- 體現對應的成熟特質。
- 進化為同一極的成熟特質。
- 防止對應的不成熟特質。

因爲這會發展我們的成熟面特質，並使我們的不成熟面健康。在生活中學習我們的功課，很少是進一步退一步，或是更糟糕的進一步退兩步。但有時候確實會發生這種事。如果這種情況發生，很可能是我們充斥著自己的陰影。正如同能量喜歡依循相同的途徑一樣，有時候負面的思維模式、能量或存在體會卡在我們的心中，而我們可能很難去改變。此時，最好是將解除防衛、呼吸、能量體功之類的綜合療法和策略進行混合運用。別忘了，對我們大多數人而言，改變是漸進的過程。進兩步退一步通常是最好的方式，因爲這表示我們有時間眞正地融入改變。

如果我們又回到自己的不成熟面或陰影，千萬別過於氣餒，因爲這正是我們巨大的成長之處。它不過是意味著我們的人生有更多要學習和體驗的東西，這是我們成長的機會，我們會變得比現在的自己更加豐盛。

如果我們眞的掙扎不已，就應該尋求協助，並將這個過程看成是「靈魂的暗夜」，它是讓我們在生活中能眞正脫胎換骨的地方。

有些人會在他們的生命中比別人經歷更多的這些改變。我們不是爲了迅速進入一致又整合的自我，並成爲沒有欲望和陰影的人才來到這世界。佛陀和其他的一些人做到了，但對我們大多數人而言，這並非我們的道路（至少現在還不是）。

我們是來這世界享受二元性，並從我們的痛苦和熱情中創造人生、美好和豐盛，以及成爲自己現實的創造者來觀看宇宙的展開。

35

黑暗的陽性面與陰性面

兩極框架是一種幫助我們了解二元與非二元的模型或心理概念。它沒有對錯，因爲還有其他的模型以不同的方式表現兩極和（或）二元。

兩極框架的美妙之處就在於它的簡單明瞭，以及它透過陽性、陰性、成熟、不成熟、健康、不健康和陰影的分層來表現悖論的方式。

有些人會說，陽性面就像太陽一樣穩定，所以它是一；它永遠都是完整的太陽，而不會是半個。月亮有時候是滿月，有時候是新月；它永遠都在變化，所以月亮是二。這個例子的重點是要告訴我們，不同的模型會給我們關於二元性及破解現實的另一種看法，接著我們的心會利用它來形塑我們的現實和善惡（如果眞的有「惡」這種東西存在的話）之間的抗爭（或說得好聽一點「共舞」）的體驗。

在許多的文化中，黑暗能量已經被扭曲和誤解，其主要原因是恐懼。但不論原因爲何，它都妨礙我們對於自己的存在、我們的光明與黑暗的整體了解，以及它們如何一起運作來賦予我們力量。

透過黑暗能量的純負面表現，許多人否認了黑暗能量中的有益之處，僅留下暴力、虐待、受苦和其他我們應該排斥而不是讚賞的行爲。所有的生命都値得被讚賞，因此我們需要眞實的黑暗能量表現。這些表現不是邪惡、壞的或被我們的恐懼所扭曲的。那些虛假的表現不應該被讚賞，因爲黑暗並不邪惡，就如同光明不是邪惡的一樣，白天和黑夜也不是邪惡的。事實上，邪惡不過是一顆想要療癒的心的構造罷了。

黑暗的陽性能量和陰性能量已經被新時代運動扭曲了，它聲稱那黑暗又積極之物的許多元素都屬於光明，因此許多人認爲黑暗主要是負面的，並且已經失去了價値，如此一來，我們就創造了一個失衡與扭曲的世界——一個只有兩極而沒有足夠的二元性來持續推動進化的世界。

因此，我們在陽陰整合課中使用一種更豐富的框架，它是設計來啓發我們的心去尋找它自己關於現實本質的答案。我們可以將黑暗的陰性能量歸爲以下的範疇：占卜、尋求幫助、將自己調整到與高等意識（它並非我們的靈魂或高我的一部分）的能量或存在體產生聯繫，以及在神祕學、卡牌解讀、加持水晶、告別過去的治療中的通靈傳訊。她是性的魔法，是欲望的創造。她是鼠尾草的燃燒、水的祝福，以及許多西方現代嬉皮和瑜伽愛好者在商業街的藝術工作室裡做的許多其他活動。

我們可以把黑暗的陽性能量視爲內在的戰士，它是我們可以笑著穿越地獄的部分。它願意並且能夠將我們的意志強加於世界，來創造、成爲勇者、擁有小我，以及說出「我在」和「我是上帝神聖計畫的一部分」。

黑暗是令人興奮的、有一點危險的，並且是生命必不可少的。

光明的陰性面是更具接受性的。她是隨波逐流、與生命共舞、誘惑生命、像磁鐵一樣，光是向內看自己（而不是向外）就吸引來她所需要的任何東西。

光明的陽性面是我們與源頭、神、圓滿的一體的連結，這其中沒有扭曲、沒有計畫，也沒有把我們的意志強加於他人，或將他人的意志強加於我們。無論意圖有多麼光明或良善，他的意志都只跟源頭（他所詮釋的上帝）在一起。

沒有一種看待世界的觀點是正確的。我們需要許多的觀點才能在多維度的現實中生存、成爲快樂的人和持續推動進化。

黑暗與光明、陽性與陰性並不是這個框架的焦點，但如果你覺得合適的話，也可以自由地將這些額外的觀點納入框架。在做陰影功課的過程中，強調我們的黑暗裡的積極因素會對我們特別有幫助。

任何號稱能完美地解釋整個現實的模型都是陷阱，因爲少了矛盾，整個現實就無法解釋了。事實上，矛盾乃是現實的本質之基礎。

36

讓欲望變得健康

使用兩極框架的目的，不是爲了讓我們一直處於自己的成熟面，而是要使我們的不成熟面和成熟面都健康。當我們在某個問題上沒有肉體、理智和情感上的一致性，我們就很難知道自己的人生眞正想要什麼，並且會持續受困於自己的頭腦，排斥著那些我們不想要（但仍然渴望）的東西。由於我們壓抑了自己的欲望，使它們變得不健康，而發現它們想要教導我們什麼的唯一方法，就是給予它們空間，並讓它們轉化。你可以嘗試以下的做法：

1. 把你現在心中想到的所有被壓抑和不健康的欲望寫下來。它們可能是暴力的、自私的、與性有關的，或甚至可能嚇到你。你不必跟其他任何人分享這些，有些你可能甚至寫都不想寫。然而重點是，對自己要夠誠實來找出它們代表的相關問題。

2. 接著，找出這些欲望的共同問題、主題或線索，然後與你的朋友、治療師或伴侶分享（如果你們是一起做這項練習的話）。關於第一個問題的答案，你想跟他們分享多少都可以。

3. 現在，把這些共同的線索放在兩極框架上，看它是什麼樣子，包括你的陰影。採用標準的步驟：

- 體現對應的成熟特質。
- 進化爲同一極的成熟特質。
- 防止對應的不成熟特質或你自己的某個步驟。

4. 確定並寫下你接下來要採取的步驟：

- 接受自己這些不健康的部分，並給予它們空間使它們能轉化爲＿＿＿＿（此處填入你所寫的正向語句和意圖）。大致知道我們想要它們轉化爲什麼是重要的，但這可以隨著我們越來越了解自己而改變。
- 讓這些部分變得健康。列出一張你能自己負責的積極、具體又可衡量的行動清單。

不要覺得你非要做到這些事不可，畢竟轉化我們的陰影和不健康的欲望是一種過程。因此在我們眞正明白自己做這些事的理由和眞正的渴望之前，我們必須先經歷一段過程。

有時候我看到那些無意識的行爲，尤其是看見人們在消費和資本主義的潮流中背離了自然、破壞我們的地球並造成苦難時，我會對他們的無意識行爲感到憤怒，我會想要發洩情緒並傷害那些人，從我的不成熟面來教訓他們一番。換句話說，我進入那因恐懼和缺乏信任所導致的暴力和專橫的陰影中。

兩極框架教導我，我必須更投入在自己的陽性面、自己的價值和自己的領導力。我必須更加信任自己的成熟陽性面的衝動，並更加掌握好我的界限。我必須相信，當我在這種情況下表現自己時，可以少一點暴力、少一點專橫和對他人的控制。因爲唯有我的表現是非暴力時，我身邊的人才會進化並作出更好的選擇。

【第四部】

肉體、理智體與情緒體

37 意識的維度

不同的人和學派，描述維度的方式也不相同。在本書中，我們是以物理學的角度來描述維度：三維、四維和五維。那些更神祕的觀點則表示，意識有十二個維度，它們是導向回歸一體的連續的分離循環（continuous cycle of separation）。量子物理學也有類似的描述，但在實際的日常生活中，用以下三種方式來描述會更加容易：

- 我們的肉體是第三維度＝永遠在眼前這一刻
- 我們的理智體是第四維度＝在線性的時間中
- 我們的情緒體是第五維度＝超越空間和時間

當我們透過維度來了解現實時，要記住最重要的事情是，我們每個人都是自己宇宙的中心和創造者，而我們邀請別人的意識和他們個人的宇宙進來，好讓我們能獲得啓發和學習。與別人建立關係就像建立一個共享的宇宙、一處共享的遊樂場。我們可能永遠無法完全了解某個人，因爲對我們而言，在我們的宇宙中，他們只是我們自己的一面鏡子。因此，根據吸引力法則和抗拒法則，我們對他們的任何評斷都是我們對自己的評斷。

無論我們覺得自己的意識已經進化或擴展得多大，我們所有的體驗和觀點都會回到我們的線性的四維理解，並且以此來詮釋它們——我們對於時間的理解，完全受到兩極和二元法則、吸引力法則及振動法則的支配與控制。

與第四維度的現實平行的是，我們的夢境世界和星光體世界。作爲第四維概念的線性時間是屬於頭腦的。時間之所以眞實，是因爲頭腦是眞實的；我們需要一個線性的參照點來體驗現實，但這只是部分的眞相。同樣的，我們的夢境之所以眞實，是因爲我們的頭腦是眞實的。頭腦以它建構我們的時間體驗的類似方式建構了我們的夢境。

星光體世界和夢境世界之間的差別在於：

• 我們的夢境源自於自己的生活經驗，並且是我們的獨立自我的一種表現。作夢時，我們深陷在彼我分離中，並受到自己生活經驗（我們的頭腦透過個人經歷所知道和理解的一切）的限制。

• 星光體世界（上星界和下星界）就像是用集體意識來作夢。在星光體世界中，我們並不是孤單的，而且我們的體驗不僅是由自己的頭腦、同時也是由我們的整合之我所形塑，它的表現與他人是有關聯的。

我們在情感上對於現實的了解越多，我們對於第五維度的了解也就越多。對大多數人來說，我們的肉體、理智體和情緒體之間的一致性越大，就表示我們能在夢境世界和星光體世界中變得更加清醒（當我們付出必要的努力和紀律）。

各種神祕主義之間的一個基本差異是：它們要不是想要「超越」幻相而回歸一體、與神合一；要不就是渴望帶著肉身「在幻相中覺醒」，從獨立的自我感中意識到一切萬有。這些學派認爲，如果我們如同作清明夢般地在幻相中醒來，我們就有能力如同創造和形塑夢境般地創造和形塑清醒的現實。

在幻相中醒來對於眞正的密宗法門來說至關重要，這也是爲什麼他們更加關注快樂及享受人生的原因之一，因爲他們不是試圖離開這個存在層面，而是在其中體驗第五維度的意識。

38 放下三體的防衛

我們都有許多的身體。我們的肉體是最高密度的光。這就是爲什麼我們是振動的光反射分子（或根據你的信念體系，你認爲那些是能產生光的分子），卻看似如此堅實的原因。

此外，我們也有自己的乙太場。在較不抽象的層次中，乙太場是個電磁場。如同任何以電流爲動力的東西（從電腦、手機到家中的電氣線路）都有乙太場一樣，植物有乙太場，動物有乙太場，樹木也有乙太場。我們可以利用自己的乙太場（我們的電磁場），將氣、生命能量、生命力引入身體。它同時也是使我們「生氣勃勃」的東西。如果我們照鏡子並且是快樂的，我們通常看起來會很好看。其中的一部分原因是，我們都是透過自己的乙太場來看物質的東西。乙太場是一個可塑的光層。既然物質是振動的光分子，那就表示物質是可塑的，而我們的臉部也是略微可塑的。

我們的肉體、理智體和情緒體之間的一致性越大，我們就越有能力運用光來改變我們的物質、情感和心理上的現實。療癒的要素就是用光來治療。

那阻礙我們達到一致性、阻礙我們擁有力量的，是身體中的恐懼和創傷。那對別人或對我們自己造成傷害的沉重或密度較高的頻率，會阻礙我們的力量。我們三體之間的這種不一致是我們的安全樞紐：

- 我們的肉體是第三維度＝永遠在眼前這一刻
- 我們的理智體是第四維度＝在線性的時間中
- 我們的情緒體是第五維度＝超越空間和時間

我們的三體通常很難彼此溝通和理解，因爲它們是在三個不同的維度中運作，每一體各有其產生阻礙的方式，而這些阻礙就是我們的防衛。因此當某件事傷害我們時，我們就會記住它，這樣它就無法再傷害我們。我們在第二十六章「放下心的防衛」一節中已討論過這一點，其中我們探討了身體、心理和情感的痛苦如何彼此觸發，而產生身體、心理和情緒反應的實際例子。

由於肉體是最高密度的光，也是最稠密的，因此我們所有的痛苦和創傷的記憶都儲存在我們的肉體裡並形成防衛，以免相同的痛苦再次傷害我們。

不幸的是，由於我們生活在一個振動的宇宙中，我們的情感和身體上的防衛並不會保護我們免於痛苦，反而會吸引更多痛苦進入我們的生活。即使我們已經在情緒體和理智體上下功夫，寬恕了自己和他人，但如果我們沒有同時在肉體上下功夫，我們的創傷很可能會再次出現或永遠無法完全痊癒。因此，除非我們全方位地下功夫，否則就無法找到完整的一致性和自己的力量。

本書的第五部分將用更實際的方式，進一步探討解除防衛的相關內容。

39

釋放意識覺知與培養情緒覺知

肉體、理智和情感的一致性

我們其實是意識覺知，但我們大部分人都將意識覺知鎖在頭腦中。當被問及「你在哪裡？」時，我們大多數人都會指著腦袋說：「我在這裡。」

我們透過淺又短促的呼吸節奏將意識覺知鎖在我們的頭腦中，並伴隨著許多呼吸的停頓。呼吸停頓的時候我們在思考，因此這種淺又短促的呼吸節奏表示我們人生大部分的時間都在「思考」。

你可能已經發現，你在做某件複雜的事情時會憋氣，直到你完成自己的想法。這是因爲我們很難同時在肉體和理智體裡保有意識覺知，畢竟它們是兩個不同的「身體」。雖然這並非不可能的事，但是如果沒有肉體、理智和情感上的一致性，要在多處保有意識覺知就會有困難。淺而短促的呼吸節奏意味著我們不再與自己的呼吸、肉體和情緒體保有眞正的關係。

我們切斷了與那存在於我們DNA中的先天智慧和理解進行交流的途徑，並阻礙自己的覺知擴展和情感智能的創造。

請注意：在瑜伽和靈修中，呼吸的停頓通常不是在思考或內心的喋喋不休，而是與那超越我們的某種東西互相連結。它經常被解釋爲，將能量轉化並昇華到我們的第三眼或松果體中，使我們能更接近超越。

當我們想用頭腦有條理地計畫一切時，我們就失去了一致性，因爲我們沒有傾聽自己的肉體或情緒體，也因此無法擁有眞正的力量。此時，不健康的小我已經接管並把我們鎖在頭腦中。我們看世界的角度變窄了，並且是來自於彼我分離的觀點。我們忘記自己是意識覺知，而開始相信我們是這個活在大腦中，從我們的記憶、創傷和心理設計來對這世界做出反應的獨立自我感。

剛開始，這是必要的，因爲這是我們童年的過程，好讓我們能發展出健康的小我、一種健康的獨立自我感。在分離狀態中，我們可能會說，我們大約只有意識到百分之五至十的自己（非科學數據），而另外的百分之九十至九十五是我們的潛意識心靈、我們內在的陽性面和陰性面、伴侶的內在陽性面和陰性面、我們的高我、集體意識和無意識、那些我們還無法了解的東西（因爲它們仍屬於無意識的範疇）。它們是宇宙中那些尚未被揭開的未知奧祕。但事實上，它們終究是我們自己的奧祕。

要獲得更多超越頭腦的知曉和理解，我們必須要有肉體、理智和情感上的一致性。爲此，我們必須學會如何感受更多。

我們許多人其實並沒有感受到自己的情緒，因爲我們把它們壓抑下去了。我們彷彿把它們都吞到肚子裡，實際上也是如此。我們的內在產生一種麻木感，並且通常不會讓呼吸深入到腹部，因爲那裡是我們的痛苦所在。呼吸練習和解除自我防衛的實用方法，能使我們產生更多情感上的覺知，並且是在陰陽整合課中使用綜合療法的核心。

我們的肚子和心臟都比大腦有更多的神經受體，這些神經受體會對大腦透過中樞和周邊神經系統發送的電子信號作出回應，並由鹽類提供動能。肚子、心臟和身上的腺體會作出回應，並發送電子信號給大腦作爲反饋。然而在更抽象的層次上，一切都是能量。能量環繞著我們，其中包含著信息。水在結構的層面上被乙太能量轉化（請參閱江本勝博士的著作《生命的答案，水知道》中的研究），其他物體也儲存著我們將來可以讀取的乙太信息。水晶是乙太信息非常好的接收體，就如同銅是電流的良好導體一樣。如果你是女性的話，我們的肚子和子宮中的神經受體也能感應到我們周圍的乙太和情感能量。當我們充分地解除身體的防衛，並改善我們與呼吸之間的關係時，我們就能讓這些信息進來。

同理心不是從頭腦開始的。眞正的同理心是從身體的細胞開始。最常見的是從我們的肚子開始，並且與心臟有關。這就是爲什麼我們常會說「傾聽你的直覺」和「傾聽你的心」。

要注意，如果我們坐在生氣的人旁邊太久，我們也會變得生氣，或者不同的環境也會對我們的情緒造成影響。我們越是覺察自己和他人的情緒，我們是意識覺知這件事就越顯而易見。如果我們覺得自己的同理心過於氾濫，我們可能就必須培養更多的正念，如此一來，我們在對他人感同身受時，才不會跟著迷失在他們的故事中，而把他們的精神痛苦和創傷變成自己的。這是一種需要學習的過程和技能，其中許多關鍵的面向包括解除防衛、呼吸法和能量體功等綜合療法。

發展同理心、我們的情感智能、具有正念的理性智能和自我觀察的能力，對於我們和人類的進化至關重要。我們應該致力於發展充分的意識，來同時體驗我們的情感、運用我們的智力及保持正念。

頭腦創造了情緒

我們的頭腦創造出與乙太情感信息不同的情緒。當我們有某個記憶，我們會產生電子信號將信息送到我們的腦下垂體、甲狀腺、腎上腺、肝臟、以及其他內分泌系統的所有部分和腺體，而它們全都會分泌化學物質。這些化學物質（多巴胺、血清素、皮質醇和腎上腺素等）造就了我們的情緒狀態。這些情緒狀態肯定了頭腦的正確性，於是這個模式和這些電子信號就被嵌入大腦裡。在某些情況下，這幾乎成爲一種癮頭。

我們健康或不健康地用情緒的上癮來洗腦自己，而不論它是否與化學物質有關，因爲在這個層面上，我們的大腦只是在遵循某種熟悉的模式。如同對快樂和興奮的情緒上癮一樣，我們也可能對悲傷和低落的情緒上癮。因此在腺體的層面上及從肚子來體驗同理心，並擁有非來自頭腦（亦即邏輯思考的過程和一系列的評斷）的情感信息是非常有價值的。這能幫助我們進化自己的理解和頭腦，以及產生這些情緒的集體意識規範。

在身體中轉化情緒有助於氣、生命能量和生命力的釋放。氣（中文）、生命能量（印度語）和生命力（西方用詞），這三個術語都是指能量在量子層面的形成結構。每種文化都用稍微不同的方式來理解量子能量。雖然用淺顯易懂的日常用語來認識它們是有幫助的，但更簡單的說法是，氣、生命能量和生命力就是同一種東西。對我們大多數人而言，在身上感受這種量子能量最強烈的體驗，就是那些與性有關的體驗。

如同先前所討論的，熱力學第一定律表示，在封閉或孤立的系統中，能量無法被創造或消滅，只能轉化。因此當我們在運用能量時，問題變成：

- 何處是界限？定義我們的系統為封閉的是什麼？
- 我們如何打開一個封閉的系統？
- 我們如何運用開放的系統來創造更多的能量？

從最高的第四維度觀點來看，我們都是從太陽和夜空中的星體獲取能量。太陽燃燒，樹木生長，地球上的生命得以維持。

身爲人類，我們是一個封閉和孤立的系統，在第四維度的線性時間中生活。但這只是部分的眞相。當我們透過性來與另一個人連結時，我們就轉移了能量（情感、性和乙太的第五維度能量）。透過陰陽能量的融合，我們可以創造新的生命和新的能量，我們可以生出一個孩子。

如前所述，情感能量（亦即性能量）就同理心的意義來說，是第五維度和乙太的。乙太能量是更抽象的電磁場，就如同以門外漢的觀點來看，行動數據技術是更抽象的電能，它們都是可測量的頻率。物理學很難完全適用於第五維度的能量或我們的乙太場，但如果我們的做法正確，舊有的情感能量（它可能是在有大量創傷時的正確做法）、情緒的轉化可以打開我們的系統，讓新的氣、生命能量和生命力進入身體，而不是坐立不安或感受煎熬。

轉化本身可以產生額外的能量並提升我們的振動頻率，使我們能以不同的方式體驗能量。那是一種擁有更多能量的體驗，因爲我們的情感振動變高了。就這樣，我們創造了第五維度的能量，而它擴展意識覺知的方式是：

- 從我們的性器官和腺體轉化性能量給我們的頭腦。
- 將低振動、稠密的情感能量轉化為更高的振動。

除了營養和充足的睡眠，我們的肉體和理智體中的能量受到情緒健康影響的程度，與我們在第四維度層面上所能利用的第五維度/情感能量的量有關。因此當我們體驗同理心，並且能夠轉化及利用性能量作為其他用途時，我們就不再是封閉的系統，我們就不再受到那些來自太陽和夜空中的其他星體（它們提供我們所有的能量）的最高觀點的熱力學定律束縛。

在我們的日常生活中，透過高與低、疏與密的振動循環，以及透過那些並非總是「快樂」和「正向」的情緒，我們就能為新的情感能量創造潛力。不被困在封閉系統中的關鍵是，成為更有同理心的人及使用我們的性能量。

當我們的振動頻率變得越高，我們就越能從肉體自我的外部（包括太陽、大地、空氣、火、水、金屬、氣體和水晶之類的自然元素）吸引氣、生命能量和生命力（以及用我們的六種感官來產生它），因爲我們已經從恐懼的振動頻率轉向愛的振動頻率。然而在人生的不同時期，根據我們當時的黑暗與光明的自然平衡，我們可能會以不同的方式體驗這個過程。

這個過程可能感覺非常好，即使我們釋出的是憤怒、暴怒和悲傷。這些情緒是強大的，當它們釋出時，如果我們的身體足夠放鬆，筋膜就會鬆開，副交感神經系統也會釋出緊張。

頭腦並非總是向肌肉、器官和腺體發送信號，指示它們搖晃和移動。在某些創傷治療中，我們可能會看到這種情形。然而當更多令人愉悅和快樂的體驗發生時，比如說性高潮，身體會想要移動和表現，這是因爲情感能量在身體的細胞中轉化。而儲存在腺體中的情感能量，在一定程度上決定了我們的感受方式和人格類型。

那些覺得與自己的情緒切斷連結的人可能會發現，要將意識覺知移到心和性裡頭會倍感困難。令人訝異的是，那些經常靜心並發展出強大正念的人，有時候也會發現自己很難將意識安住於性腺體，尤其是當他們的靈修或文化並不接納性欲時更是如此。靜心練習能幫助我們成爲更好的人，但不一定會增加我們的情感智能。我們必須更加擴展意識覺知，好讓我們可以同時思考（理性智能）、感受（情感智能）和保持正念（觀察）。

許多不二論的實踐者若只觀察自己的感受而不是去感覺它們，就會有罹患憂鬱症的風險。到頭來，我們的腺體會停止在情感的層面與我們交流，因為我們已經不再傾聽。如此一來，我們只能接觸到頭腦的情緒，並且切斷了自己與直覺的連結，也更接觸不到第五維度的能量。最後，我們只能與自己的獨立自我感聯繫在一起或受困其中。

當我們善用自己的創傷和陰影，並讓成熟和不成熟的欲望及表現變得健康來使我們的三體成為一致時，我們就將自己的意識覺知擴展到新的境地，而這個新境地能讓我們同時思考、感受及成為一切。

高潮改變我們的振動頻率

身體中的每個腺體幾乎都能進行某種形式的射精，以及釋放化學物質和賀爾蒙。我們高潮時，身體的每個細胞都會振動和轉化，因此這時最適合與一位愛我們、接納我們、欣賞我們並對我們心存感激的人在一起，或是單純地善待自己，來讓我們的身體得到新的振動。

我們的細胞會吸收周圍環境的振動頻率（通常來自我們的伴侶），並在乙太的層面上充滿它們。（再次建議：請參閱江本勝博士在其著作《生命的答案，水知道》中支持這些主張的科學研究）。然而有時候，愛、接納、感恩和欣賞並不是我們想要的，我們渴望的是更多的兩極、黑暗和粗暴的性。如果這是我們想要的，那也沒有什麼不對。但爲了健康的生活，我們需要伴侶經常在性高潮時將更高的振動頻率銘刻在我們身上，其次數必須比黑暗的振動頻率還要頻繁。

當我們沒有這種條件時，就必須學會爲自己做到這一點；或者如果這目前還無法實現，我們就必須找到其他的方式來滿足這一類的需求。譬如與朋友一起共度深情的時光、長時間的擁抱，或是去找治療師、體功師或療癒師，他們可以引導我們與自己建立更具性解放和滿足感的關係，讓我們能透過高潮來改變自己的振動頻率。

用頭腦來解決所有的問題及改變我們的振動頻率，並不是我們人類天生的設計。要改變這一點，我們可能必須追溯到曾曾祖母時代發生的事。但就算回到過去，我們也只能寬恕她。

身爲人類，我們的設計是透過愉悅來釋放創傷及改變振動頻率。我們必須寬恕那些令我們感到冤枉的人，並相信隨著寬恕，我們改變了自己的振動頻率，而這世界也會變得更美好。

當人們開始解除身體的防衛以作爲全方位綜合療法的一部分時，他們就改變了自己的振動頻率，於是痛苦和悲傷被釋放了，我們的振動頻率也隨之改變。

我們的目標是，讓自己能處在透過愉悅來釋放及轉化肉體、心理和情感上的痛苦的境地。

40

自然的兩極

爲了使一個人豐盛，並不需要另一個人活在匱乏中。可是當不成熟陽性面處於主導地位時，我們將會看到現實中，自然和普遍法則的自然兩極被抑制了。

在不成熟陽性面的系統中，爲了使一個人豐盛，另一個人就必須活在匱乏中。經濟、時間管理和我們目前的工作與休息的關係，並不是自然的極性。自然的系統展現許多互相依存和多樣性的模式、混沌和秩序的流動，推動著進化的發展。

在成熟陽性面的系統中，生活應該是豐盛的，我們都可以豐盛地生活。

動物界中有許多支配體系，但卻較少貪婪和愚蠢。身爲有情的眾生，我們的角色是超越支配體系和貪婪，以及許多其他不健康的表現來進化自己。

以下兩項陳述都是事實，儘管它們是互相矛盾的：

- 我們體驗快樂的多寡，等同於我們體驗痛苦的多寡（兩極法則）。
- 痛苦會吸引痛苦，快樂會吸引快樂（吸引力法則）。

運用自然的兩極，往往就是在平衡這種互相矛盾的事實。

當我們眞正地寬恕，我們就可以在心理、情感和肉體層面上再次找到自然的兩極。我們可以輕鬆地在兩極框架中移動，釋放我們的反應式行爲，並體現更高的眞相。

寬恕父母的行爲榜樣，意味著我們可以體現原型的「成熟」父母，並將這些成熟和更高的頻率狀態發展成自己的，而不會帶著他們的創傷——我們重新養育自己。

改變世代相傳的預設行爲，能幫助我們把意識覺知從頭腦中解放出來，並發展更多情感的覺知和智能。如此一來，這也有助我們覺察七個主要能量中心如何與身體的腺體一起運作，使我們每天都變得更加一致和完整。

無論是個人還是集體，寬恕都是我們找到回到自然的兩極之途徑。

41

情緒的光譜與如何提升頻率

對情緒不抗拒亦不執著

正如之前所討論的，許多情緒、特性、屬性、特點和特質都具有相同的本質，並且在不同的層次上振動及被體驗。一旦我們認識了這些光譜，我們與二元性的關係就會開始轉變。洞察力是較高振動頻率的評斷，知曉則是較高振動頻率的洞察力。我們突然明白，知曉、洞察力和論斷都是同一主題的不同表達。

有一句古老的佛教格言說：「人生唯一可信的是一切皆無常。」這是眞的，因爲一切都是能量。

能量會振動，並且在被充分體驗後會發生轉化。因此就某種意義而言，生命中的一切都會改變；但從另一種意義來說，除了我們的振動頻率，生命中沒有任何東西眞正改變過，甚至連時間也是如此。要從不健康的狀況轉變爲健康的狀況，我們只需要改變自己的振動頻率。我們可能也必須改變世上的不公行爲和狀況，或是家庭和工作之類的小事，但除非我們改變自己的振動頻率，否則不公的事情還是會發生。

究竟來說，所有高振動頻率的情緒都是愛的表現，低振動頻率的情緒則是恐懼的表現（憎恨也存在於愛和恐懼的關係中，我們後續會談到這一點）。然而這種理解程度無法幫助我們採取行動，因此我們必須深入到更抽象的層次。

從某個觀點來看，我們可以說，優雅、流暢和平靜的狀態，是比愛更高的振動頻率。這是我們將更多的多重兩極和眞相整合到我們的存在中時，所使用的另一個有用的觀點。然而，把愛視爲一體的表現來理解兩極是最有幫助的。

當我們用非二元的觀點在情緒的光譜上檢視自己的主要情緒時，會更容易明白和了解，兩極中的大多數事物其實彼此是同一種東西，它們都是相同的能量。如同那些物理定律教導我們的：能量永遠不會保持一樣，它只會轉化。因此當我們充分體驗某件事、情緒或能量時，它就必須改變和轉化：

如果我們是快樂的，並且充分體驗了自己的快樂，我們就無法再感到快樂。此時，振動頻率就必須提升。我們必須把快樂提升爲喜悅，喜悅提升爲極樂，極樂提升爲更大的極樂。這種情緒的範疇、規模和光譜會不斷地增加，直到我們最終達到涅槃的體驗。不過同樣的，如果我們沒有充分體驗自己的快樂，我們就會變得悲傷。而如果我們沒有體驗自己的悲傷，我們就會變得憂鬱，然後再變得更憂鬱，直到跌落谷底。由於沒有接納及充分體驗自己的情緒，我們降低了自己的振動頻率。我們變得更加稠密、「感到」沉重，細胞裡的光也更少了。

許多人體驗到的另一件事是，感覺卡住而動彈不得。我們排斥痛苦，同時又緊抓著快樂。我的國家、我的足球陣營、我最喜歡的夾克、我最喜歡的座位、我的、我的、我的……。當我們這樣做時，我們就無法成長、也無法改變。我們在一個非常有限的情緒範圍內上上下下。我們有一點快樂，也有一點悲傷，但從未眞正達到眞實。

要體驗人生最大的快樂和喜悅、提升自己的振動頻率，我們必須完全接受生命的一切而不執著於任何事物。這就是成熟的陰性面全然愛著及接納我們的喜悅、痛苦、憤怒、嫉妒、心碎、寂寞、攻擊性，以及我們感受到的一切。我們的陰性面知道，我們的痛苦能導向及創造出一些人生中最深刻、最美麗的時刻，因此她沒必要評斷它。她無條件地愛著及接納我們感到羞恥或內疚的所有事物。

回到快樂和喜悅的最快途徑，就是去感受我們所有的情感，無論它們有多麼痛苦。通往極樂的道路是不執著自己的快樂，也不害怕和排斥自己的痛苦。

想像一個人人都是高振動頻率的世界。然而這並不表示壞事永遠不再發生（它們仍可能發生），但我們對它們的感受將會澈底截然不同。最後，當我們改變了自己的評斷、快樂、痛苦和好壞的關係時，好好地大哭一場並感受自己那些負面、低頻率的情緒，其實可以變成是令人感到愉悅的。

在日常生活中提升自己的頻率的主要關鍵是，透過以下方式來展現不評斷：

- 不抗拒
- 不執著

但這只有在我們擁有健康的成熟陽性面才有可能。健康的成熟陽性面保有界限、空間並維持我們的安全，而這大部分是透過「無爲」達成的——僅僅是知道、成爲及保有成熟陽性面的能量便已足夠。

吸引、抗拒與執著

當我們從兩極的光譜上檢視抗拒和吸引的概念時，我們會再次發現它們是同一種東西，只是以不同的頻率振動。抗拒某個事物時，在某種程度上我們也是在吸引它。因爲我們越是抗拒，就會越專注於它，而它就越可能出現在我們的生活中。

當我們抗拒某個事物，就表示我們把它推入自己的陰影中。這可能是因爲我們害怕它、對它感到羞恥、或已是既定事實而無法接受它。無論這是因爲內疚、羞恥、想得到讚許或其他的原因，通常這些理由都比不上探索我們的抗拒來得重要。一旦我們探索自己對某個事物的抗拒，並且接納及體驗它，我們便能釋放自己當初抗拒的任何東西。

正向肯定語確實很棒，正向的心態也非常重要，但除非我們能保持眞實，否則我們只是在自我欺騙。某些改變和轉化可以透過這樣的肯定語發生，但不眞實會阻礙我們活出全部的潛能。虛假的正向肯定語會伴隨著它本身的兩極，我們必須留意這一點。不執著地體驗負面的情緒，能讓它們轉化爲更高的振動頻率。這一點對許多特質和特點而言都是眞的。右下方框中列出了一些例子。

因此，不執著於我們對自己和他人的殘酷與譴責，不執著於我們的抗拒、憂鬱和評斷，表示我們可以體驗更多各個光譜中的正面表現。我們也可以看到兩極框架中的對應特質是如何彼此關聯，並且可以把它們看成是兩極的光譜，因此它們是屬於相同的能量（見左下方框中的例子）。

- 殘酷 > 同情 > 慈悲
- 譴責 > 排斥 > 中立 > 接納
- 抗拒 > 中立 > 吸引
- 憂鬱 > 悲傷 > 快樂 > 喜悅
- 評斷 > 洞察力 > 知曉

- 尋求關注 > 傲慢 > 謙遜 > 自信
- 執著 > 占有 > 互相依存 > 多樣性
- 責怪 > 羞辱 > 尊重 > 同理心
- 操縱 > 支配 > 崇拜 > 奉獻
- 過度情緒化 > 過度理智化 > 情感與理智的平衡 > 直覺
- 消極抵抗 / 嫉妒 > 競爭 > 無私 > 接納
- 受害者心態 > 評斷 > 洞察力 > 創造力
- 焦慮 > 逃避 > 責任 / 界限 > 自由 / 信任

因此，消除我們對感受較低頻率能量和情緒的抗拒或執著，我們便能感受更高頻率的成熟能量或情緒。

語言只是一種在二元中表現我們創造力的工具。我們每個人應該找出在兩極框架中最適合自己的詞語。如果有些詞語不適合，就不要使用。每當我們專注在陰陽兩極框架的某一個象限時，我們也應該同時意識到其他三個象限。

兩極框架所列出的那些特質並不是毫無遺漏或不可更改的。兩極框架應該永遠保有詮釋的開放性，並使用那些最適合個人情況和語言用法的其他特質。知道「無論我們處於解說圖中的哪個位置，我們永遠是那與所有表現相關的一切」，有助我們了解自己是一個完整的存在。即使我們在抗拒某些事物，我們也能明白它們是我們生命中的驅動力。我們對它們的恐懼，使我們受到它們的支配；或者更準確地說，我們對它們的恐懼，使我們無法發揮自己的力量。

當我們更熟悉只有陽性面或陰性面的表達時，那麼透過承認及明白這些特質是相同的、只是振動頻率不一樣，我們便能更快地整合自己內在的陽極和陰極。

遇見責怪我們或操縱我們的人時，我們可以不把他們貼上標籤，迫使他們更認同這些標籤而使我們成爲其對立面；而是可以開始承認，這些人在生活中其實需要更多的成熟準則，他們之所以無法充分利用他們的成熟面，是因爲他們有太多的恐懼。以這種方式將自己和他人視爲完整的人，我們就不再需要認同某個東西而與另一個東西抗爭。我們會知道，我們都是某種東西的變體，因爲在任何時候，我們都有：

- 某個百分比的健康成熟陽性面
- 某個百分比的不健康成熟陽性面
- 某個百分比的健康成熟陰性面
- 某個百分比的不健康成熟陰性面
- 某個百分比的不健康的不成熟陰性面
- 某個百分比的健康的不成熟陽性面
- 某個百分比的不健康的不成熟陽性面

- 某個百分比的健康的不成熟陰性面
- 某個百分比的陽性面陰影
- 某個百分比的陰性面陰影

每一種體驗，我們可以再進一步分成某種框架，例如：

- 某個百分比的焦慮
- 某個百分比的逃避
- 某個百分比的責任和界限
- 某個百分比的自由和信任

這個練習並不是要爲以上的百分比分配數字，因爲一切都在不斷地變動和變化。我們可以將每個特質視爲個別的瞬間，而每個瞬間都是巨大、不斷變化的第五維度棋盤上的一顆棋子。

想要像在二維的棋盤上那樣算出所有可能的棋步和結果是無濟於事的。相反的，在某個層面上的負面、痛苦的行爲，在另一個層面上卻能產生最多的喜悅和學習。

當我們開始享受這個遊戲，並能借助宇宙的法則來進化自己的體驗時，就是我們開始勝利的時候。

當我們藉由提升自己的振動頻率來打開現實的新層次，並了解這個遊戲是一種互相依存及合作的遊戲時，生命就開始變得有意義了。

42

療癒創傷給我們的功課

我們大部分的反應式行爲、小我的不健康部分、以及心理上和情感上的障礙，都源自於我們大約八歲之前的創傷和事件。就這樣，我們產生某種模式並在人生中不斷地重複上演，直到我們解決和療癒這些創傷，並爲我們的頭腦創造出新的設定。然而當我們尋找問題的根本原因時，它通常不是那發生在我們身上的創傷，而是這個創傷或生活事件要教導我們的東西。

大多數問題的根本原因即是我們必須學習的功課。除非我們能從中學習，否則解決所有的障礙和療癒所有的創傷並非明智之舉。我們也許開始過著沒有痛苦和創傷的生活，可是對我們的進化之路而言，這無異是放棄了自己的潛力。

你的痛苦是昂貴的，請不要浪費它。

當我們在自己的三體中運用痛苦和創傷時，重要的是要確認我們在進行全方位的療癒：

- 如果頭腦已經解決了問題、療癒、寬恕、整合完功課，那麼清空肉體和情緒體的創傷就確實沒問題。不過，我們也可能解決了多年前的問題或創傷，並且學到了功課，但卻從未找到在身體中釋放及轉化它的方法而未曾完全療癒。
- 如果身體中的創傷大到幾乎令人癱瘓，那麼最好去看創傷治療師和（或）體功師。他們能幫助我們減輕最大的痛苦，從而讓我們能以更統合的方式開始下功夫，而他們可能使用陰陽兩極框架來幫助我們確認自己的功課是什麼。
- 在處理身體的過程中，往往會揭露出我們的創傷和功課，因此下功夫並沒有固定或正確的方式。只要確保我們在這過程中發展了自己的肉體、理智體和情緒體即可。

一旦我們療癒了創傷或過去的事件並從中獲得學習，有時候我們可能仍需要功課的提醒，從而使我們的潛意識心靈再現創傷。我們不斷地重新學習相同的功課，直到它被充分整合而沒有遺留任何可以教導我們的東西。

舊有的創傷重新浮現，是靈魂的隱喻。如果同樣的問題一次又一次地出現，不要著眼於它所關聯的故事，而是要去看這個不斷重現的創傷想教導我們什麼。一般來說，一再遇到那些相同的老魔鬼，會比在生活中搞出新的創傷和悲劇來學習新功課好。

在某些情況下，這可能要花一生的時間，因此了解這重複發生的創傷功課或主題極爲重要。當我們了解到我們的潛意識心靈這樣做，是因爲從更高的觀點（那是我們很難理解的觀點）來看，我們已斷定自己需要持續地被提醒這個功課，直到我們已確定不會再受到它的危害。當我們把人生中的創傷或負面的主題視爲一種警示而不是失敗，甚至看成是創造人生所需要的兩極、張力或衝突（我們用它們來確保自己擁有平衡和熱情）時，我們就會更容易接受它。如此一來，我們的自我憎恨和自我評斷就會減少，並且可以更快地學到自己的功課。每一次我們懷著感恩和較少的評斷來接納自己的問題和功課，我們的學習就會越深入，也會越快地走出痛苦。

要改變振動頻率，我們需要頭腦的支持，而這就需要「重複」。因此如果我們已經去除肉體和情緒體的某種不健康、負面的振動頻率，我們就必須改變支持它的心理設定：

• 學習我們的功課是關鍵。

• 重複也是關鍵。我們必須重複某個眞實的正向肯定語，而它能反映出我們學到的功課和新的振動頻率。不過我們也必須避免自欺；相反的，我們應該運用兩極框架，直到肯定句感覺眞實不虛。

• 改變日常生活和環境中的事物，以幫助我們記住自己已經改變，例如：爲家裡買一幅新的畫、移動一些傢俱或廚房器具、在日常的運動中添加新的元素、寫日記及開始做感恩練習。以上這些都可以幫助我們記住，我們已經脫離舊有的不健康行爲。每次我們把鹽瓶移到廚房的另一個地方而找不到它時，我們就會想起並且可以重複「愛自己、接納自己」這個肯定句。

我們必須做一些事來幫助我們的頭腦記住並再次確認我們已經：

• 在生活中學到有價值的功課，並且改變了我們的振動頻率。

• 改變了我們的心理設定和不健康的反應式行爲來讓改變持續下去。

43

關係是有意識的存在體

你有你的陽性面與陰性面的表現，你的伴侶有他們的陽性面與陰性面的表現，你們之間的關係也有其陽性面與陰性面的表現。

採用「關係是有意識的存在體」的觀點，能幫助我們不失去自我。當我們的關係本身是有意識的存在體，並且有自己的目的、有自己的功課需要學習和教導時，我們就更容易從關係中學習而不會失去自己的身分，從而維持我們的獨立性。而這通常表示我們將：

- 保持活躍的熱情。
- 能全心投入地和對方在一起。
- 更清楚自己的承諾。

將這個概念帶給我們的伴侶是有幫助的。讓他們把我們之間的關係視爲一個人或孩子，然後問以下之類的問題：

- 這對我們的關係有好處嗎？
- 我們的關係在教導我們什麼？
- 我們希望彼此的關係如何成長？
- 在我們的關係中，哪些是有幫助的，它又如何能更有幫助？

藉由在自我與關係之間創造更多的獨立性，我們就會更清楚地知道，我們個人帶來什麼東西、我們的陽性面和陰性面帶來什麼東西，以及我們想要接受什麼東西，並拉近我們與伴侶之間的距離，因爲給予和接受可以讓雙方都產生興奮感。

在健康的關係中，雙方的差異性是一種互補，不需要強迫自己改變或犧牲自己的某一部分。對大多數人來說，在一段關係中犧牲眞實的自己，就表示自己變得與伴侶相似，而以相同的方式看待世界和行動，因此最後兩極會消失，激情和熱情也會隨之熄滅。

若是多重伴侶的情況，將每一段關係視爲有意識的存在體，並具有它自己的意識形式、目的、要學習和教導的功課，是一個不錯的觀點。因爲問「與伴侶A的關係如何影響與伴侶B的關係」的答案，跟問「與伴侶A的關係如何影響伴侶B」的答案是有很大差異的，因爲我們把關係變得非個人化，所以不太可能進入不健康的不成熟反應。

當我們開始將這個概念應用到所有的人際關係上（朋友、家人和同事），我們通常會對這戲劇性的結果感到驚訝，尤其是應用在商業、組織結構和策略會議中時。然而，關於我們的內在陽性面和陰性面，最大的學習是來自於我們的親密關係和性伴侶關係。

44

運用集體意識一起進化

憂鬱的根源

當我們主要是從不健康的自我來行動時，那不斷排斥痛苦和追逐快樂的行爲，就會使我們停留在不成熟面而無法找出生命的更深意義和理解。我們之所以無法理解或自我了悟，是因爲我們光是受苦或想要避免痛苦就已搞得焦頭爛額了。也許我們會做很厲害的健身運動、散步、親近大自然、靜心、上瑜伽課並獲得其他短暫的平靜感，但我們那未解決的創傷所造成潛意識的持續反應，使得我們無法找到持久的平安和寧靜。

當一個人轉化恐懼並放下執著時，便會找到活著的喜悅，但有時也會有深沉的悲傷。這種悲傷來自於我們瞥見了更高的眞相，知道我們創造了自己的現實，卻不知該怎麼做或如何改變。對某些人來說，這乃是憂鬱症的根源。

當我們進化到感覺生活是空虛、毫無意義的，那麼無論我們的不成熟自我試圖賦予它什麼意義，我們仍會感到沮喪。此時，我們需要更多的知識、更高的眞相、以及對宇宙法則的理解，以便將它們整合到生活中，並運用它們創造的兩極。

成熟陰性面的信任、自由、寧靜、平安與優雅，都可能很容易變成受害者的感覺，也可能變成憂鬱。如同愛、同情、喜悅、幸福、悲傷、憤怒和歡笑一樣，憂鬱也是陽性面與陰性面情緒光譜的一部分。

在更富裕、科技更進步的社會中，憂鬱症會更爲普遍，因爲人們要有閒暇和安全感才能負擔得起憂鬱的奢侈（那些必須尋覓食物、避免飢餓或生活在戰區的人，是沒有多少閒工夫可以憂鬱的）。當我們把憂鬱重新架構爲進化的一步（但它是朝向「不健康」的一步，因爲我們無法融入美或擁有生活中想要的東西），我們可以藉助陰陽兩極框架來幫助我們恢復平衡。

我們的社會（包括政府、主流媒體和教育體系）所宣傳的挫折感和無意義感造成憂鬱的加重，然而這些機構所營造的現實並非「完整的」眞相。事實上，唯有我們自己選擇相信它們時，我們才會活在這些機構營造的現實中。若把它極端地比喻成被關在監獄裡，可能會使這個概念變得難以理解。但監獄和懲罰的概念是屬於不成熟陽性面，而目前對大多數人來說，要作出其他不同的選擇幾乎是不可能的。在我們努力進化不成熟陽性面的同時，我們必須生活在（以及遵循）它的規則和結構中。然而當成熟陽性面是強大又顯著時，這些結構將會改變：

- 工作的時間
- 日常的通勤
- 我們不完全接受、但會去遵循的宗教
- 那些用來使人們保持忙碌、做無用之事以防止人們擴展意識的規則和官僚體制
- 其他任何我們感覺被束縛的事情

利用宇宙的反映特性，是我們真正進化那些束縛的結構來改善我們的沮喪的唯一方法。

執著於現狀

成熟陽性面缺席的主要原因是我們「執著於」或至少是「害怕」改變這些結構和體系，甚至連想到我們可以擺脫現有的體系並改變社會的運作方式都似乎是不可能的事。因此，我們的發展工作必須從個人的層面開始。

我們對於未知和失去控制的恐懼，會比政府更加妨礙社會的變革。因此，走進我們的成熟陽性面，爲政府的腐敗負起責任，是我們制止政府腐敗的唯一方法。在眞正的民主社會中，政府是民意的反映。因此，我們要讓足夠的成熟陽性人士（男人和女人）進入願意在政治舞台上（通常是不成熟的政治舞台）奮戰的權力圈中。這件事的問題核心是，那些從他們的健康成熟面來行動的人士，通常不會按照目前政治要求的方式犧牲自己的正直。因此在玩政治遊戲來讓它變得成熟的過程中，他們也可能必須變得不成熟。所以，轉變是需要時間的，但它畢竟已經在轉變中。

當我們集體準備好接受成熟陽性面帶來的激進變革時，成熟陽性面將更常出現在我們之中。我們將與這種成熟的陽性能量更為一致，並且隨著我們的改變，世界也會跟著我們一起改變，並創造出我們的社會目前所欠缺的健康與平衡。

納入我們所排斥的

讓集體意識與我們一起進化，不應該「只有」向那些已經改變的人說教。與那些跟我們有相似的振動頻率和持有類似觀點的人一起合作及社交，是有其優點的，因為我們可以找到達成目標所需要的動機與靈感，並將我們的「團體」（我們的迷你集體意識）進一步帶往我們的共同道路。與通常被稱為「奢侈品」的藝術和音樂非常類似的是，走這條共同的道路會帶來愉悅和滿足；而如果要進化意識，我們其實也必須在這些領域發展。

我們必須毫無罪惡感地致力於更高層次的抽象追求，並幫助那些生活在飢餓、貧窮和戰爭中的人們繼續前進，給予他們希望，好讓他們可以看見當他們也擁有和平與自由時會做些什麼。

當我們看到民主國家中勢均力敵的主要分裂時，就需要透過那些能促成互相理解、尊重和同情的對話來增加凝聚力。在良好的民主體制中，我們很少會在兩個極端的選擇之間投票，更不會在接近五五波的分裂時進行投票。我們會著眼於如何以最大的效益和使最多的人感到滿意的方式，將多個選擇的最佳部分整合起來，就如同企業制定策略和家庭克服難關的方式一樣，因爲對一半的人口說「你們錯了，你們不好，你們那一方輸了」是非常荒謬的事。

目前政治模式的設計，是要讓我們繼續爭論關於做錯事情的最佳方式，而不是找出做「好」事情的最佳方式。

許多人多年來都深陷在相同的生存方式中，但與此同時，其他人似乎感受到四、五次範型轉移的前衛轉變。與志同道合的人一起邁向更高的進化，往往比納入來自不同想法的團體、社群和迷你集體意識的人們的不同振動頻率更爲有趣。

我們永遠有自由意志。有時候對多樣性（成熟陰性面）敞開是好的，但有時候與我們的界限和互相依存（成熟陽性面）合作會更棒。全世界都需要這種轉變，我們需要更多個人轉化方面的凝聚力來促成地球的轉化。光是強迫人們開放及包容更多的多樣性是行不通的，並且更可能將他們推向不成熟面。一個主要由不成熟的老百姓（大眾）組成的民主投票，將作出不成熟的決策。

從成熟陽性面的觀點來看，領導的基礎在於幫助其他人進化。任何欠缺這個基礎前提的政府都不配擁有權力。

全球性的問題是複雜的。當然，在人們覺得自己有能力付出之前，得先滿足基本的需求。但就算滿足了基本的需求，不成熟者仍會因為恐懼、匱乏和貪婪的陰影而做出自私的行為；而成熟者知道，無私和慷慨的行為會為所有人帶來喜悅和豐盛。我們現在需要全球性的成熟陽性面和陰性面的價值觀進化，這種進化能促進創造力、藝術、音樂、科技和靈性的深化，同時也為集體和個人的成長開創新的方向。然而，少了充分的凝聚力和價值觀的共同方向，大多數人類和全球的集體意識就會陷入困境。那些源自於不成熟自我的權力鬥爭和戰爭會更可能爆發，並使我們的價值體系和全球集體意識退化。

透過啟發人心和成功的典範來生活，並將這些與整個社會分享，社會及更大的集體便能以漸進的方式發生改變。學校會進化、醫療保健會進化、大製藥廠終結、商業和企業界進化、監獄中的重生改造體制進化、懲罰的概念本身發生轉變，以及工作週的工時、金融體系、經濟，所有這些都會進化。

然而，它們只會跟著我們和更大的整體一起進化。我們的個人轉化必須先發生，但這必須與我們每個人都渴望並想要創造的地球轉化一致。有時候這會令人感到痛苦及違背直覺，可是當我們包容並接納自己的低頻率振動時，我們便能透過那更大的整體的更多凝聚力來促成平衡的轉化。

有些祕密的教導會警告我們，不要試圖大規模地改善世界，或對外在世界有任何的關注。他們會說，一切都是完美的，每個人都選擇了自己的人生，並活在自己的因果業力中。成熟的陽性面會說，他是一切和所有的眾生，他是集體意識，一切都是他自己的反映。他只能透過他的反映並藉由成熟的陰性面來療癒自己。當他療癒自己時，也就療癒了他的反映；當他的反映獲得療癒時，他就療癒了這世界。透過愛自己的內在陰性面和外在的所有陰性，集體的業力就會改變。

唯有我們改變自己的世界並創造新的環境之後，整個人類才能在肉體、理智體和情緒體中繼續走向新的功課及發展新的能力，並了解我們的共同業力。否則的話，我們將繼續重複過去幾千年來所做的相同功課和模式，如此一來，那些古老的祕密教導就依然是正確的。

有時，包容及開放接納新的人群和價值觀，會感覺像是一種不甘願的犧牲。當我們眞正成熟並能帶著洞察力來行動時，我們便可以歡迎、參與、接納人們而不會失去自己，並且往往會在這個過程中更加了解自己。如果我們與某人相處很長的時間，他們就會影響我們的人格特質，這是事實。另一個事實是，同樣的這一批人（我們的意識中那些被我們否認和排斥的部分）也會影響我們的環境，從而對我們造成影響。因此，無論如何，我們都無法逃脫，因爲他們是我們的一部分，並且會對我們造成影響，無論是在有形或無形之中、或是有意識或無意識地。

我們必須從自己的健康成熟陽性面中找到雙贏的場景，即使那些問題看起來大到我們不願對世界中的一切負責而想轉身離開。可是當我們確實擔起責任並將注意力轉向創造雙贏的場景時，我們會發現，那些情況改變得更快了。而當我們越來越多人這樣做時，一切就會更快地改變。

當我們在民主國家中看到勢均力敵的分裂時，就表示不同的子群體之間的文化價值觀和進化差距太大了。但這並不是說人們要開始退化，而是必須開始幫助集體進化，並以成熟的方式使他們的觀點更容易被理解，而這也是維持更高的覺知和振動頻率的最佳方式。這並不是要創造單一的文化（文化需要陰性面的多樣性特質），但我們都應該往更多的喜悅、創造力、靈感、愛和覺知的方向前進。

克服憂鬱

宇宙的運作方式與我們的情緒體相似。我們是自己個人宇宙的中心，並與集體意識（它是那更大的多維度整體的一部分）共同創造現實。對某些人來說，這可能聽起來令人難以接受。可是當我們運用自己的潛意識心靈，「假裝」上述的話是真實的，我們就可以不再是或感覺像是受害者。當我們了解到別人的意志只是我們潛意識心靈的反映，我們就不必再屈服於他人的意志。

當我們讓頭腦相信我們是自己宇宙的中心，除了「我在（I AM）」的感覺外，其他的一切都是幻相時，那麼我們就接受了「我們僅是藉由存在就創造出自己的幻相、現實和宇宙」這件事。當我們完全習慣這種看法，並全心全意地活出這樣的信念時，我們便能用一種綜合的方式來運用頭腦，然後我們就可以更快地進化自己內在和外在的兩極。

因此如果你感到沮喪，並且不知道如何顯化及運用吸引力法則，那麼就試著運用這個概念。這並不是完整的眞相，而只是部分的眞相。這不是一個容易理解的概念，所以你可以把它寫下來思考一番。用你自己的話來說明是最好的，但如果你不知道如何進行概述，那麼可以嘗試以下的方式：

- 現實是多維的，而我是自己個人宇宙的中心。我與集體意識共同創造現實。
- 或者，我是自己個人宇宙的中心，並與集體意識（它是那更大的多維度整體的一部分）共同創造現實。

憂鬱是一種「停滯」，它往往表示在某個層面、甚至可能是在潛意識的層面，我們已經知道一個更高頻率的眞相，而這個眞相在我們的現實中變成了憂鬱。憂鬱來自於我們沒有完全接受自己的痛苦，它來自於我們排斥自己的某些部分、過於嚴厲的評斷、或是覺得自己無法處理痛苦而壓抑它。結果，我們因爲壓抑自己的眞實感受而創造出憂鬱的心理模式。我們訓練自己的頭腦和身體來產生促成憂鬱感受的化學物質。因此，我們保持憂鬱，而從未眞正感受我們的情感，或完全表現當初使我們感到悲傷的那些情緒或創傷。我們爲自己的憂鬱原因建構了一個又一個的故事。儘管我們可能用頭腦來解決這些問題，但它們並不是我們憂鬱的眞正原因，因此無法產生持久的改變。

憂鬱來自於沒有表現出來的情緒和感受。最常見的情形是，這些情緒和感受是來自於我們仍需學習的功課。也許我們因爲心碎或失去摯愛的人而必須學習接納或寬恕，或者也許我們必須從嫉妒或不耐煩中學習某些東西。這些情緒是讓我們的成熟和不成熟的特質能更進一步成長的機會。

我力勸你開始去找出自己有哪些地方是從不成熟的自我、甚至是從陰影來行動的，並找出你可以進化這些特質之處，如此一來，你將：

- 了解那些不再使你感到憂鬱的新眞相。
- 改變你的振動頻率。
- 吸引新的人和新興文化進入你的生活。
- 獲得新的知識，並找到令你感到興奮的新事物。

你可以在這人生遊戲中重新開始，並學會在日常生活中創造更多的深度和意義。要打敗憂鬱的話，那就：

- 接納現狀。
- 呼吸深入丹田，如實地感受那個體驗，然後允許它變化。
- 與你自己在內在的陽性面和陰性面之間建立一段性關係。

這些是後續在本書的第五部分中討論的基本概念。

45

愛、恐懼與憎恨的本質

從高振動頻率的觀點來看，恐懼是因爲沒有愛，但愛也可以是恨的另一極。我們經常在熱情又時而暴力的婚姻中看到這一點，愛與恨變成同一種東西。夫妻在高亢的情緒狀態之間擺動，並對這些狀態上癮而無法改變。這種愛與恨的兩極並非虛假的，而只是一種較低頻率的理解和體驗，它使我們變成受害者，並被鎖定在兩極化的存在狀態中。當我們被鎖定在這樣的存在狀態時，我們可能會感覺沒有愛、不忠、粗魯、不安全、不知何去何從。當這種狀況發生時，我們就可以運用陰陽兩極框架來：

- 將我們的恨還原爲恐懼。
- 將我們的陰影還原爲不成熟面（健康的不成熟面和健康的恐懼）。

在二元的現實中，沒有愛和恐懼的低振動頻率體驗是很重要的，因爲恐懼能保護我們，並促使我們以某種方式行動。在肉體可能遭受危險時，它能幫助我們在這種情況下記憶、尊重、工作，有時候甚至樂在其中。當我們明白恐懼即是彼我分離，並且恐懼會加強個人的獨立性時，我們也就了解到，恐懼在某種意義上創造了二元。恐懼創造了我們所有人都活在其中的現實，那是一個我們可以體驗彼我分離、但也可以體驗到美的現實。這是「一體」體驗它自身的一種方式。不過就算我們了解這一點，彼我分離也不會結束，我們的人類體驗也不會結束。但眞正了解恐懼的眞實面目，可以讓我們達到新的意識層次。

了解恐懼是因爲沒有愛，可以讓我們在幻相中解脫。長久以來，我們一直都在無意識地創造這個幻相。我們了解到，一切都是愛，或者一切都有潛力成爲愛。

如果能明智地善用恐懼，它就可以在我們自身和集體中創造更多的深度。這個深度可能是健康或不健康的，因此它不是要我們盡可能地創造痛苦和折磨，也不是要我們創造更多後續會將其轉化爲光明的黑暗，而是要我們在痛苦和折磨出現時採取正確的行動來看見它的眞實面目——彼我分離和恐懼的時刻，同時也是發現深度、豐盛和更高覺知的機會。

恐懼是物質

從情感能量的角度來看，有形的一切基本上都是物質，並且都是透過恐懼產生的。如果分子足夠密集而一起振動來形成某種固體，我們可以說它是光的稠密振動；而在情感的兩極上，我們則必須稱它爲恐懼。因此，我們的身體（有形的肉體）是由數千年的恐懼、痛苦和創傷組成的。這就是我們的眞實面目（這個說法是從情緒體的觀點來看光變成物質的原因和方式。它更像是一種幫助我們理解二元性的隱喻和部分的眞相——黑暗中的光明與光明中的黑暗。想想大多數母親和嬰兒在分娩時所經歷的痛苦和折磨，它其實是生命最大的禮物）。

然而，容器一旦形成，分子如此密集地一起振動，使我們能體驗到「成爲會呼吸的活物質」這種驚人又美妙的體驗，我們便可以將那占主導地位的情感體驗從恐懼進化爲愛，同時仍保持肉體的形式。

進化的基本原則是超越與包容，因此，我們可以生活在那奠基於數千年的「痛苦和恐懼多於愛」的彼我分離和二元的現實中。

知道我們是一體的、知道我們是愛，並不會妨礙我們從個別和獨立的狀態中體驗到一體性。

運用信心與恩典

愛、信心、恩典、喜悅和寧靜之類的情緒狀態，掌握了最高振動頻率的眞相。它們包容許多其他的情緒，並使我們更接近一體性。

在恐懼出現的二元中應用愛，有時候會同時兼具創造性和破壞性。這就是爲什麼運用其他高振動頻率的眞相（例如信心與恩典）會有所幫助。它們的涵義可能因人而異，但一般而言：

- 信心超越了信任。信心是對未知的信任，亦即相信無意識會按照它的需要顯現爲意識，相信一切都會完美地發展，無論現在某件事有多麼糟糕或痛苦。我們越是學會信任這一點，眼前的現實中出現的痛苦就越少，因爲我們呼應的是更高的振動頻率。

• 當我們有一致性時，恩典永遠都在。恩典讓不同的行動和兩極都能同時優雅地運作、展開和流動。當我們的陰陽兩極之間，以及情緒體、理智體和肉體之間具有內在的一致性時，恩典就更可能出現在我們的生活中。事實上，就算我們沒有一致性，我們仍可能認識到恩典的存在。關於這一點，基督信仰的說法是「藉由上帝的恩典」或「願上帝的恩典與你同在」。

如同喜悅和所有其他提升個人振動頻率的情緒狀態一樣，信心與恩典也能幫助我們更快地整合爲完整的人。

46 通往愛的道路

愛自己

自愛的目的是爲了愛自己，從而更能愛別人。

說出「愛自己、接納自己就好」這樣的話其實是很容易的，可是當我們的身上出現痛苦、恐懼和創傷時，要做到這一點可能比登天還難。基本上，我們不健康的小我就是創傷，而大多數的人格特質也都是由小的創傷構成。這些創傷會產生反應式行爲，而不是正念和正念的行動。也許每次你面對權威時，你總是扮演受害者的角色，或是不理會他們、依自己的方式行事、成爲叛逆者或是爭取主導權。或者每次你見到伴侶的父母時，你可能開不當的玩笑，或給他們虛僞的表面恭維。在交通繁忙的時候開車，你的創傷可能會造成路怒症、急迫感，導致我們在非緊急的情況下闖紅燈或做出其他危險的舉動。

當我們透過綜合療法（例如解除防衛、呼吸法和能量體功）來消除創傷時，就更容易觸及眞實的自我。由此，我們就會明白：

- 我們爲什麼沒有足夠的同情心或耐心？
- 我們仍需要寬恕誰？
- 我們爲什麼不寬恕自己？
- 我們爲什麼不能全然地愛自己、接納自己？

我們的痛苦和創傷是來教導我們的，因此倘若我們沒有從痛苦中學習，倘若我們沒有在三個主要體中全方位地療癒它，那麼痛苦和創傷很可能會再捲土重來，直到我們從中完整地學到功課、將這些功課整合起來，並且不再感覺它的記憶是在保護我們免於某些事情的傷害。一旦身上的創傷消失，我們就不再以恐懼來反應，而是在愛中行動。我們的行動將會來自一致又整合的自我、正念和洞察力、創造力和靈感、我們的陽性面和陰性面的整合表現。然而即使我們把身上的所有創傷都消除了，並從那一致又整合的自我來生活，愛自己仍是很難做到的事。

我們來到這世界不是要離群索居，而是要與他人共處、與他人分享愛。通常為我們帶來渴望和興奮的，就是我們與另一個人在一起時產生的兩極性。它為我們創造了有條件的愛，隨後又發展及進化為無條件的愛。然而在我們做到愛自己之前，我們對他人的愛是不完整的，其中含有需要過多的關懷或恐懼的成分。

透過有意識地分開自我中的陰陽兩極，我們便可以落實愛自己這件事，我們會採取處於陰性面及體現陰性面的積極做法。在辛苦的一天之後照顧好自己、泡個澡、讓家裡看起來賞心悅目……，但這一切不是像平常那樣為了我們自己，而是為了我們的內在陽性面。我們可以出去買花、修理床鋪或壞掉的傢俱，這一切同樣不是為了我們自己，而是為了我們的內在陰性面。接著，我們可以將這種做法帶到臥室，帶到我們接觸、撫摸、愛撫、取悅自己的方式。最後，這種關係甚至會變得更加微妙，無意識地滲透到我們在心理上與情感上跟自己說話的方式。

當我們充滿壓力，並開始在受恐懼驅使、強壓的環境中從獨立的自我感來行動時，我們就需要腦海中的柔和聲音、我們的內在情人，告訴我們需要聽到和想要聽到的話。我們需要一個聲音說：「我愛你。」或者我們需要自己的強大陽性面或內在的父親，激勵我們並幫助我們出於正當的理由和原因來行動，以實現我們所要的結果。我們應該永遠尋求統合性，但絕不可以讓這個過程使我們感覺像是精神分裂一樣。相反的，將想法和人格特質兩極化來消除創傷應該療癒我們，並幫助我們變得更加整合，尤其是結合了綜合療法時。

我們永遠無法眞正地把陽性面從陰性面中分開，或把內在母親從內在父親中分開，因爲它們是一體的。然而，我們是透過運用它們的差異、它們互相衝突的內在眞相和內在欲望，我們才變得更加完整。分開及重新整合我們內在的陰陽兩極，同時療癒我們的創傷，這給了我們實現愛自己的最佳機會。

我們的成熟陰性面，是我們自己那可以無條件地愛我們、接納我們的部分。我們做過的一切不好的、可恥的事情，人生中的所有痛苦，我們對他人造成的痛苦……，無論什麼事，我們的成熟陰性面都愛我們，就像母親對新生兒的愛一樣。因爲陰性面知道，只要正確地處理生活中的痛苦和困難，它們最終都會成爲美好。她不會試圖解決或消除痛苦，因爲她知道我們的痛苦往往是最大的禮物。

我們的陽性面不能無條件地愛我們、接納我們。不成熟陽性面喜愛評斷，成熟陽性面則具有智慧和洞察力，他會選擇對我們的人生最好的行動，並與那更大的整體保持平衡。本質上，他就無法接受那些他不認爲是對的事情；然而在某種程度上，他可以並且確實會無條件地愛，因爲他與陰性面整合在一起了。我們始終都是兩極，絕不會只有一極。

在我們的成熟陽性面的完整表現中，我們不會接受世上的痛苦和邪惡，因爲我們就是要來轉化它們的。

我們所有人都需要這兩部分。我們需要無條件地愛生命、接納生命，允許痛苦和人生的戲碼進入，甚至給予邪惡出現的空間，從而能夠療癒及轉化（我們的陰性面）。我們也需要說「不」、有明確的界限，用自由意志來創造及表現個體性——我們每個人獨一無二的「我在（I AMness）」（我們的陽性面）。

陰性面最大的功課之一是：無論是有條件或無條件的愛，都可能有破壞性。它可能是不成熟或甚至是成熟的母親的愛，也可能是強烈的愛情所造成的痛苦或心碎（如果你的心態是人類永遠不應該受苦，那麼請試著軟化你對於受苦的看法。試問：如果家人或摯愛的人去世，你不哭會比較好受嗎？事實上，我們的悲傷能療癒我們，因此壓抑或否認它是不智的）。

同樣的，當我們對某物或某人的愛變成一種癮頭時，它會非常有害。陰性面必須接受這一點。她必須接受人生是個曲折迂迴的故事，她的愛可能傷害人、甚至是致命的。然而不論可能的後果是什麼，她都必須全然又完整地繼續愛。

愛他人

當我們開始重視別人勝過於重視自己，並盼望藉由把所有的愛都給他們，以換取那些我們需要卻無法自己給自己的東西時，我們也可能會心碎。但實際上，這種做法很少管用，因為兩極和二元並不是以下列的方式運作的：

- **過度關注我們對某個人的愛**。這會使我們忘記自己。我們可能會意外地變得極端，並產生不健康的自我憎恨。

- **愛某個人多過於愛自己**。這也可能使我們相信，我們愛的對象是在外面而不是在我們裡頭。倘若我們沒有認識到對方其實是我們自己的投射，我們就會捨棄自己的力量，並暫時或永久地失去自己最重要的部分。
- **當我們愛的人離開時**。如果我們將自己喜歡的關於內在陽性面或陰性面的一切都投射在他們身上，那麼他們離開時，我們就會覺得他們把我們喜歡自己的那些部分都帶走了。
- **我們對某個人的愛可能會變成一種不健康的癮頭**。換句話說，我們過度認同他們的自我價值而使自己的自我價值喪失，並成為愛他們及憎恨自己的上癮者。

好消息是，當我們了解到所有我們投射到別人身上的愛（不論是對我們的伴侶，還是對流行／搖滾明星、名人、上師或宗教神明的瘋狂迷戀），其實是我們對自己的內在陽性面（如果你是女性）或陰性面（如果你是男性）的愛時，我們的人生就改變了。我們可以利用心智塑造術（mind plasticity techniques）和冥想練習，有意識地將這些感覺轉回到自身，這就是東方那些本尊修法的本質。利用我們內在陽性面和陰性面的分裂，並實際地想像自己裡頭有另一個能量存在（它也是我們自己），然後再將我們的愛、愛自己的感覺傳送給它，是一種非常強而有力的練習。

當我們處於互愛的伴侶關係時，我們對自己（我們內在的陽性面或陰性面）的愛，就是我們對伴侶的愛。當一方增加時，兩者都會增加。

我們內在的愛被反映回到自己身上，這是人類的本性，也是我們如何在這世界產生更多的愛的基礎。透過了解不愛自己或伴侶不愛他們自己的動力，我們就能擴展自己的眼界和同情心。不過，這個例子絕不是要讓我們因爲愛自己而使別人陷入自我憎恨或心碎時感到自責，也不是要讓我們選擇減少對自己的愛。當我們感覺自己的伴侶開始變得極端時，我們就必須知道，如果我們不愛自己卻更愛他們的衝動，很容易讓狀況變得更糟。同樣的，如果我們看見伴侶愛我們太多卻不愛他們自己，我們就知道什麼才是他們的重要工作。而這給了我們重要的信息，讓我們知道如何幫助他們。

當我們在身體、心理和情感上改變抽象的信念深入到細胞的層次時，我們對基本宇宙法則的運用也會隨之改變，並且能夠清楚地使用它們，因爲我們已經有了內在的一致性。我們越是擴展自己的覺知，並與自己的情緒體建立關係，就越容易同時：

- 符合我們想要的東西的振動頻率。
- 運用兩極來透過抗拒吸引我們想要的東西。

基本上，這是能量產生磁性的緣故，但在情感上如此解釋就過於簡化了。我們最好能了解吸引力法則、兩極法則和二元法則是如何與我們的自由意志一起運作，來引導我們與我們所選擇的東西達成一致。

自愛的目的是爲了愛自己，從而更能愛別人。

47

嫉妒

嫉妒是可能導致許多內在障礙的常見主題。當我們想成爲某號人物或在世上創造某種東西時，我們會在生活中顯化出在做類似之事的人。我們越是念念不忘、想要某個東西，就越會在周遭的世界中看到這個東西，因爲我們是生活在振動的宇宙中。

我們來看看兩極框架：

- 不成熟陰性面是嫉妒和憤怒的（帶有復仇的陰影）。
- 成熟陰性面具有包容心（compersion，牛津字典尚未收錄這個詞，但在城市詞典中，「包容心」的定義是「以他人的快樂爲樂」）。
- 不成熟陽性面是自私的（帶有以自我爲中心的陰影）。
- 成熟陽性面是有雅量和慷慨的。

如同這個框架所顯示的，如果我們感到嫉妒，停止這種感覺的最佳方法就是成爲慷慨的人。在生活的其他方面慷慨地付出，我們就會進入自己的成熟陽性面，並進化我們的不成熟陰性面。最終，它會把我們的嫉妒感轉化爲包容心，變成以他人的快樂爲樂，以及其他成熟陰性面的所有特質，例如自信、多樣性、接納、寧靜和愛，這些特質都能幫助我們消除嫉妒感的需求。

自我發展和自我接納的功課可能必須擺在首位，以先培養更多的安全感。最終，這是克服嫉妒的標誌。當新的嫉妒感出現，我們也有超越它的快速方法。

當我們感到自私時，找到可以感受同情心之處，會逐漸消除我們反應式的、自私的想法和行爲。這可以從看見幼兒第一次走路或是朋友在運動中獲勝開始。

爲他人的快樂感到眞正的喜悅是非常美的一件事，這有助我們進入自己的成熟陽性面，從而變得慷慨又有雅量。當我們看見並體驗到這麼做帶給他人的快樂時，就會自然地想要給予，並把這當成自己的快樂。我們會開始了解、認可並從我們的互相連結和無私來行動。我們透過諸如感恩之類的概念來運用智慧，而當我們把他人的喜悅當成自己的快樂時，就能包容更多的生命。

嫉妒通常源自於我們對自己有著虛假和貶低的信念。我們許多的負面感受往往是其他某種東西的匱乏，而匱乏只是我們想要的那個「東西」的較低振動頻率。眞相是，人生可以擁有豐盛的一切，同時滿足我們對平衡和低頻率能量的需求。

當我們可以改變心態，把「愛是有限的資源」改爲「愛是無限的」，以及把「當我把愛給某人時，我能給的愛就變少了」改爲「當我把愛給某人時，我能給的愛就更多了」，我們就是給自己必要的心理設定來消除嫉妒。

葡萄牙的塔梅拉（Tamera）和平研究暨教育中心廣泛地探討了一種看法：除非我們有「愛的和平」，以及療癒性別之間的裂痕來促成這種和平的必要方法，否則我們無法實現「地球的和平」。他們的方法大多是聚焦在性方面，這一點對某些人來說是有爭議性的，但他們的核心教導頗具智慧，並且適用於我們所有人。

一旦我們所有的基本需求都獲得滿足，那麼從第四維度的觀點來看，我們最珍貴的東西就是時間，它同時也是最有限的。我們必須明智地選擇把時間用在什麼地方。如果我們對別人付出時間之處感到嫉妒，那麼慷慨地付出時間通常是正確的做法。不過也並非總是如此。有時候我們只需要聚焦在自己的發展上，不過是以一種無私的方式。

發展出無私，我們就能接受別人的選擇（嫉妒的另一種解藥），最終體現出更多成熟面的特質，從而吸引來更相配的人，亦即一個在兩極框架中完全以正確的方式與我們對立和矛盾的人。

48 金錢

匱乏與自私

金錢和嫉妒有著類似的振動頻率。根據兩極框架，這表示金錢也與同理心和慷慨共振，因爲它具有嫉妒的正向特質。

如同先前所討論的，抗拒法則可能造成自我實現的預言，因爲我們聚焦在不想要的東西上。如果我們因感到貧窮而聚焦在存錢上，我們就有產生「貧窮意識」的風險，從而陷入負面、低頻率的能量中。這可能比兩極框架上所有的其他兩極更難改變，因爲金錢不是自然的極性，而是人爲的極性。

使用金錢時，我們必須有意識地運用吸引力法則。重點是要記住，我們目前的經濟體系是以陽性面的不成熟價值觀爲基礎的破碎體系，因此，金錢問題無法準確地代表我們的顯化能力。作爲一個不適用於兩極框架的不成熟的人爲體系，它不像成熟的體系那樣遵循普遍的自然法則。

在兩極框架上，金錢和嫉妒看起來非常類似。

- 不成熟陰性面是匱乏（帶有貧窮和剝奪的陰影）。
- 成熟陰性面是豐盛。
- 不成熟陽性面是自私（帶有貪婪的陰影）。
- 成熟陽性面是給予。

然而，我們可以在肉體和物質的層面上看到，不成熟陽性面需要「富裕」來從「自私」轉變成「給予」。但這是一種物質的豐盛和物質的能量，而不是我們從內心創造出來的情感能量。這意味著兩極框架只有在我們已擁有個人、物質、金錢的富裕時才能發揮作用，而使我們的不成熟陽性面得到進化。因此，金錢不是自然的極性；換言之，對許多人來說，不成熟陽性面已經深陷在自己的想法中。

事實上，抗拒法則比吸引力法則更爲凸顯。由於貪婪和自私，資源看起來比實際上的更爲有限，因此，不成熟面的貪婪和自私、恐懼驅動的本質就更加劇了。換句話說，要轉變爲成熟面的富裕和給予會變得更加困難，於是我們的匱乏感就占了上風，而這種感覺是我們的貪婪和自私造成的。

然而，這並不表示我們個人無法改變這一點，即使我們沒從金錢上的富裕開始。我們能以自由意志運用兩極法則和吸引力法則來創造及改變任何事物。不過，由於我們目前的經濟體系並非自然的極性，因此，集體的多數要進化到金錢的成熟和不成熟的健康表現，感覺幾乎是不可能的事。

如果我們個人擁有金錢上的富裕，就可以把金錢放在兩極框架上，並運用兩極法則和二元法則（並以吸引力法則來平衡），幫助我們進化自己和整個社會。然而，眞正的挑戰是要注意到，由於金錢不是自然的極性，因此很難在個人和集體的層面上同時運作。我們必須要有智慧和系統性的改變，才能慷慨地給出自己的金錢資源而仍能保持金錢的富裕。這並非不可能，但確實有困難。相比之下，慷慨地給出我們的愛、智慧、創造力和所有其他的成熟特質，通常表示我們在這些方面會更加豐盛和充實。

錢不是不好，不好的是那亟需改變的破碎、不健康、不成熟的經濟體系，而我們的責任就是把它轉化爲我們的成熟陽性面的反映。兩極框架不會告訴我們做法，但它確實以某種方式道出我們的問題，讓我們能看見自然的極性和二元性，從而找到那些使個人和集體的四個象限都變健康的方法。

從抽象的觀點來看，金錢是能量，這種能量提供我們在肉體和物質層面上生活所需要的資源。當我們找到方法來讓自己使用有限的資源卻看似無限時，我們便能：

- 生活在豐盛感中。
- 慷慨地給予。
- 找到健康的自私表現，例如更照顧好自己。
- 找到運用匱乏感的健康方式，例如產生情感的抗拒，然後將其轉化爲不同類型的能量，如創造力、性能量或其他的能量。

如果我們因爲沒有足夠的金錢去做自己想做的事，或某人沒有給我們所想要的時間而感到嫉妒或不滿，記住以下這點會很有幫助：

我們可以用自然的極性來創造自然的幸福。因此，我們應該把時間、精力和金錢投入於運用我們現有的自然極性上。隨著時間的推移和充足的投入，我們便能使所有的關係都變健康。

此外，隨著我們在兩極框架上增進我們的集體健康，成熟的陽性體系也會在社會和集體的層面上變得更爲可行，因爲我們的振動頻率與它們相符合，所以體系的變革必然會隨之而來。

吸引力法則與競爭

由於我們在個人的層面上過度專注於吸引力法則，而在個人和集體的層面上缺乏對於兩極的充分關注，導致我們在使用吸引力法則時造成不健康的競爭。

有太多了解及能運用吸引力法則的人仍在從事摧毀靈魂的工作，而這些工作與他們的眞實面目是不一致的；並且由於金錢的匱乏，他們吃不適合自己的食物，仰賴的也是會對他們造成傷害的醫療，即使他們已經知道並且準備好迎接更美好的世界。

然而這並不是說運用吸引力法則來創造豐盛的人生是不可行的。它能夠並且確實可行，但我們必須承認，在目前的社會模式中運用吸引力法則會帶有一種競爭的基調，亦即不健康的競爭。

用比喻來說，我們在資本主義體系中應用吸引力法則時，競爭就是房間裡的粉紅色大象*。如果競爭不是這振動的宇宙中的一個不健康因素（從而使吸引力法則的應用也成為不健康的因素），這世界就不會有這麼多的貧窮和苦難。

一旦我們承認吸引力法則的這一點，並在生活中接受更多的兩極性，以及找到有創意的多種方法來運用我們的陰影和黑暗面，我們便能開始以更有助於進化性變革的方式工作，而這些進化性變革是我們的社會必須做好準備的。

許多人希望自己的生活和工作方式能使自己有更多的時間——有時間給自己、彼此、團體和家人；有時間來呼吸、伸展、訓練別人及接受訓練、教學和受教。當金錢被視為一種能量，並且如同情感能量、創造力、性能量、靈性能量和其他能量一樣地受到平等的重視時，我們就會更接近於創造出這樣的世界。

寂寞並非來自於孤獨，而是有禮物和愛可以分享，卻沒有可以分享的人。（改編自榮格之語）

＊譯注：意指顯而易見的事實，大家卻心照不宣。

49 在二元中創造平衡

高頻率和低頻率的平衡

我們大多數人都同意，人生需要平衡。人生不能全都是幸福、喜悅、愛和高頻率的狀態。我們需要一定程度的二元性和對低頻率狀態的理解，來讓生命以同步的方式流動，使我們就算面對痛苦也能優雅地接受。但我們很少有意識地嘗試創造這些低頻率狀態，大多數人的一生都是在避免它們。

那麼，我們眞正相信什麼？我們有花時間深思這一點嗎？

我們相信的是，世界只是一個充滿「壞」事的可怕地方，因此沒必要在生活中有意識地創造內在的平衡，而只需要爲正面的事物奮鬥？還是相信，某種更高的力量、上帝或宇宙的分身（fractal patterns）會確保足夠的「壞」事發生在我們的生活中，因此生命會自行平衡，而我們根本無法控制狀況，也沒有自由意志？

我們能達到的最高觀點之一是：沒有好或壞，我們純粹只是不帶評斷地體驗生命。然而對大多數人來說，相信這一點與身體力行是兩回事，因此我們需要平衡。

雖然大多數的宗教和許多科學家都認爲，我們的自由意志控制著我們的行動，但我們的潛意識心靈知道我們需要平衡。因此，我們的許多行動和行爲模式是潛意識的，它們被用來在生活中創造平衡。我們越是欠缺覺察，這一點就越成爲事實，或者如同榮格說的：「除非你把無意識變成意識，否則你的人生就會受它擺佈，而你會稱它爲命運。」

如果我們不健康的小我掌握了控制權，並且對於生活的看法過於樂觀，那麼除非我們的潛意識心靈有誇大不實的自信，否則潛意識心靈通常會專注於負面的事物來平衡我們。這並非我們的潛意識心靈是負面的，而是它與我們整個存在的其他部分有關，因此它用恐懼而不是用愛來激勵我們，是因爲我們的身體裡有太多未解決和被壓抑的恐懼。

當我們的振動頻率是高的，我們的生命就會優雅地流動，同步性也會開始發生。我們會在街上遇見朋友；一路上都是綠燈；我們會在完美的時間點抵達任何地方；我們路過時，魚兒會剛好躍出水面；我們才剛想到某個東西就看到它了；忘記某件事而需要提醒時，有用的提醒就出現了。這是一種與我們的環境和宇宙合一及和諧共處的感覺。

矛盾的是，保持高振動頻率的關鍵並不是執著於那些「高的」振動頻率，而是在「較低的」振動頻率出現時接納它們，並在那一刻盡可能發現喜悅和值得感恩之處。這能爲我們提供生活上所需要的平衡，這種平衡不是快樂與悲傷的平衡，而是高頻率與低頻率的平衡。幸運的是，沒有一個普遍的法則會阻礙我們享受高頻率和低頻率的狀態。

除了振動頻率的高低或其他的影響之外，我們在某個情境中感受到的幸福、喜悅和感恩，有一部分是取決於我們對該情境的評斷。

想像力

有人說，我們的清醒生活（我們的獨立自我的體驗）是一種幻相、摩耶、清醒的夢境，它具有規則和結構。我們在生活中培養的內在力量和自我認識越多，我們就越能影響、改變及打破我們無意識地在清醒生活中創造的那些幻相規則。

這可能是真的。但如果我們被卡車撞了，我們還是會受傷，這與我們睡夢中的夢境不同。幸運的是，這兩者之間的相關性並非百分之百。然而，清醒生活中的心理幻想，儘管是我們想像出來的幻相，但卻可以用來創造更多的平衡。同樣的，我們能以類似的方式使用催眠和神經語言程式學，將我們的心理設定與想像力整合在一起，而在生活中產生戲劇性的真實轉化。

均等是一種評斷

一旦我們的意識達到不再需要評斷好壞的境地，並且當我們了解到，我們的痛苦往往是一種填補短暫需求的禮物時，就表示我們能不帶評斷地體驗較低的、負面的振動能量，並且知道我們在某一刻所做的事，可能會在另一刻產生更低又更稠密、或更高又更輕盈的振動頻率的情感。如同唱歌一樣，唱高音或唱低音，其中並沒有好壞之分。

重要的是，別迷失在觀察者的角色中。我們必須能用正念觀察自己的情緒，同時仍在某個層面體驗它們。情緒是力量強大又有價值的，它們和我們的自由意志、以及我們與意識的更高層次的連結，使我們不至於淪爲人工智能和壽命有限的有機機器人。尤其是那些透過同理心和其他方式所體驗到的乙太情感，它們與大腦用電子信號控制腺體所產生的情緒大相逕庭，那些情緒很容易符合二進位編碼，因爲它們來自於我們的獨立自我感。觀察者的角色使我們能看見自己和別人的肉體、理智體、情緒體與靈性體之間的關係，以及它們如何以信任而沒有高低等級之分的方式進行溝通。

我們對那些已經全然整合的人們的信任，使我們能從頭腦進入心和直覺。我們知道，我們的心和直覺選擇相信的那些人，永遠會爲我們和他們所愛之人的生存而在各個層面上（肉體、心理、情感和靈性）奮鬥。

許多人是用切斷自己的情感智能，或是將情緒和感覺轉化爲想法的方式來使用正念。當我們需要某種情緒來讓人生擁有 a、b 和 c 時，我們卻發現自己沒有情緒，只有想法。觀察並同時體驗是一種技巧，我們必須擴展自己的意識覺知才能做到這一點；而擴展意識覺知的唯一方法是，不帶評斷地從我們的不成熟特質走向成熟的特質，並發展出那超越獨立的自我的情感智能。爲了平衡，我們需要：

• 抗拒，這樣我們才能更好地運用兩極法則和吸引力法則。

• 低振動頻率的情緒，我們可以將這稠密的能量形式轉化為高振動頻率的情緒，例如愛、幸福、喜悅和歡樂。

有時我們的心會對我們所愛的事物產生執著，而正是這種執著造成痛苦及憤怒、挫折和激情的情感能量。然而，激情有助於我們改變世界。有時憤怒和挫折也是如此。雖然沒有執著是一件好事，但是如果我們的生活缺少情緒或目的，並且沒有享受到我們覺得自己可以享受的人生，那麼有時候執著於或解決世上（環境或社會）的不公之事，會對我們最有幫助，因為我們的憤怒、挫折和激情可以讓我們以平衡的方式成為最快樂的人，並感覺人生不虛此行。

不斷地提高振動頻率，並不總是會像真正接納低振動頻率那樣使我們快樂，並且往往會造成不平衡。當我們有執著時，我們的振動頻率無法達到那麼高。然而在解決不公之事、服務他人和使世界變得更美好時，我們可以在生活中創造平衡，並展現我們的自由意志。

這個世界需要平衡，它需要黑暗與光明。但作爲個人和整個人類，我們並不需要勢均力敵的均等平衡。我們每個人都會根據自己的個人偏好及想要達成的目的來「評斷」情感的平衡，而對於平衡的定義，不可能每個人都一樣。同樣的，在我們的內在或外在的表現中，我們也不需要陽性面和陰性面、成熟面和不成熟面的均等平衡。事實上，個人的不平衡正是我們每個人都顯得獨特而美麗的原因。我們需要的是多重的兩極和二元，它們能幫助我們所有人保持發展和改變，並最終達到持續的進化。

操縱與共同創造

當我們更能運用及理解兩極和二元時，我們就必須注意切勿操縱他人，而是要幫助他們更了解他們自己。這特別適用在養兒育女上，因爲有人指望我們創建那些日後能引導他們人生的兩極和二元的結構及模式。

對某些人來說，健康的操縱表現似乎是不可能的事。但既然我們是在學習在所有的情況下運用兩極和二元，那麼操縱就必須有健康的表現方式，而「共同創造」就很合適。在某個層面上，一切都是操縱：

- 對他人的負面意圖＋行動＝操縱
- 對他人的正向意圖＋行動＝操縱

你講笑話是想讓對方開心和開懷大笑，因為你愛他們；但就最極端的定義來說，這就是一種操縱。在情感的層面上，正向和負面並不是一成不變的，它們會隨著時間而改變，而我們對它們的評斷也是取決於我們的欲望、意圖和目的。我們越少用頭腦來規劃，我們就會越信任自己的一致性，以及那流經我們的肉體、理智體和情緒體的意識覺知，從而體驗更多的自由。

我們的頭腦有時候知道我們必須遭受苦難來體驗痛苦、阻力和挫折，因為它們能幫助我們穿越二元性。因此，潛意識心靈選擇了我們所體驗的這個痛苦，並操縱我們到達那裡。可悲的是，不健康的小我可能會對這種痛苦和苦難上癮，所以我們會被困住，並重複相同的舊有模式而造成有害的影響。隨著覺知的提升，我們與好壞、苦樂的關係也會改變，我們的評斷也會改變。由於了解全局，因此我們也能從痛苦中獲得快樂，因爲我們知道這隨後會爲我們和我們所愛的人帶來快樂。

潛意識心靈與我們的小我是有關聯的。潛意識更像是一種中性的力量，既有正向的作用，也有負面的作用。不健康的小我主要是負面的，健康的小我則是既中性又正向。健康的小我安住在意識覺知中，並帶著正念行動（至少這是解釋人類心智的幾種方式之一）。要體現健康的小我，我們就必須超越那些關於好壞的限制性信念和評斷。

以同樣的方式在我們的意識和潛意識之間觀察及創造這種兩極，就如同我們在自己的陽性面和陰性面之間創造兩極一樣，我們便能獲得相同的觀察能力，但不會過度認同其中一方或交出自己的力量，而彷彿我們是自己潛意識的受害者，並且無法對它或自己加以控制或影響。

然而這並不是說我們應該開始出於善意而試圖與別人的人生一起「共同創造」，而是說一旦我們承認及接受許多的潛意識行爲是一種操縱的形式，我們便能開始以更健康的方式來運用這個能量。

一致性等於共同創造

當我們有內在的一致性時，從共同創造（而不是操縱）的角度來行動就會容易得多。對大多數人而言，尤其是對父母來說，聲稱他們從來沒有刻意地操縱其他成年人或孩子來加以施教，乃是一種謊言。

當我們越能在某個情境中帶入更多的理解，承認我們並不完全了解、承認我們經常用潛意識心靈操縱著自己和他人時，我們的操縱就能更快地轉化爲共同創造。

接受「我們並不了解所有的事」這個事實，就能讓我們自己和他人的高我透過我們運作，並與我們一起共同創造。

我們生來就知道一體性。童年造成我們的彼我分離，而長大成人就是重新整合的旅程。孩子必須發展他們的小我，其中會有一些不健康的表現方式。我們不必鼓勵它，但也沒必要修正它。大多數時候，我們只需要給孩子那些與他們的不成熟行爲對應的成熟行爲，並讓孩子展現他們的成熟面即可。

不成熟的陽性很難對成熟的陰性保持憤怒，而不成熟的陰性在成熟的陽性出現時也無法持續待在自己的象牙塔中。這些基本概念必須應用到養兒育女的各個方面。過度強調那些與青少年的不成熟面對應的成熟極性，是遏制青少年叛逆的好方法；不過有些時候，過度強調不成熟面、藉由操縱（或共同創造）來讓青少年從他們的成熟面行動也有相同的效果。

同樣的，這當中沒有對或錯。撫養孩子時，操縱與共同創造之間的界限可能會變得非常模糊。你可能會無意識地想要從你的不成熟面來理解青少年，因爲你對他們的未來感到擔憂，因此你會想支配他們或奪走他們的力量，直到你感到安心。但事實上，完全相信孩子的人生中發生的一切都來得恰到好處，我們就給了他們成功的最大機會。

藉由在自己身上找出不健康的人格特質和行爲（它們通常是在童年時期形成的），我們就能成爲更完整的人。而找出它們的方法是透過：

- 簡單扼要地進入彼我分離和對立。
- 發展關於自己不成熟面的深度和更深層的理解。

- 將新的深度和理解整合爲「完整的人」的兩極。

內在小孩的功課

重要的是要注意，我們的不成熟面並不是我們的內在小孩。內在小孩的功課和陰影功課往往關係密切，這取決於我們選擇的療癒類型。重新整合我們的人格特質通常意味著療癒我們的內在小孩，以及改變那些大約在八歲之前和在創傷造成我們的個性產生多種分裂之前所形成的心理模式。

我們的內在小孩很難放進任何的範疇裡，因爲它是無性別的。它存在於陰陽兩極框架的所有象限中，但也不存在於任何一個象限中。它爲所有的情境帶來純眞的感覺。我們的內在小孩天生就是絕對的接納和信任。它是每一趟從生到死的旅程的開始和結束的比喻，因此它也是重生。

內在小孩是我們最有智慧的話語和成功率最大的時刻。沒有任何一個特定的概念或療法能完整地表達內在小孩的功課。關鍵在於每天與自己的內在小孩一起工作、發現玩心和天眞的時刻，以及汲取我們的先天智慧。將喜悅、歡笑和愚蠢帶入生活，也有助我們看見人生的荒謬和美麗、成熟陽性面的智慧與幽默、成熟陰性面的大成功率和創造力。

每天找出時間和空間與自己的內在小孩共處，我們都能因此受益無窮。而內在小孩無論如何都不會讓你將它放進任何的範疇或兩極框架中。

【第五部】

全方位療癒

50 將療癒付諸實踐

綜合療癒

源自非二元的觀點（將非二元設定在身體內，使我們既不抗拒疼痛，也不執著快樂）的綜合療癒，是擴展人類意識和人類體驗的一種方式，並且遠不止於整合我們的創傷和生活體驗來達到平衡的生活，儘管這也是非常值得做的事——將那源自非二元的心態的綜合療癒付諸實踐，就是遵循眞正的全方位療癒，因爲一切已經成爲一體，陰陽不再被認爲是分離的。我們學會整合更多的生命維度和層次，以及如何以多維度的方式穿越它們，從而使我們擴展兩極，並在我們採取化約論的思維時，不會被它或化約論的思維所減弱。

我們訓練自己去看見我們的身體、心理、情感和能量的存在層面彼此都是相關的，並且都受到空間和時間、光明與黑暗的不同影響。唯有學會多管齊下（在多個維度下功夫），我們才能產生足夠的覺知，來幫助另一個人看見他們個人問題中那些相互連結的模式及可能的解決之道。

再看一次先前那些矛盾的說法：愛因斯坦教導我們，你無法用當初搞出問題的同一種思維來解決問題；魯米說，痛苦的療癒之道就是痛苦。這兩者都是正確的。而兩極框架告訴我們，當我們不再專注於情緒體或肉體的傷痛，而是聚焦在那個痛苦所連接的東西，以及它如何呈現在我們的其他身體中時，全方位和綜合的發展就會自然發生，而我們的痛苦也會減輕或完全痊癒。但是那根本的問題、那個痛苦所教導的功課，依然是我們的焦點和治療的方法，所以愛因斯坦和魯米都是正確的。

在進行綜合療癒及使用兩極框架時，如果我們能接受更多矛盾的事實來支持自己的內在一致性，這個過程也會運作得更快，而我們也會更快地成爲更好、更幸福的版本的自己。因此光是教導呼吸，或僅有教導兩極、情緒釋放、陰影功課或引發昆達里尼能量的簡單方法，會對你的教導對象造成危害，並且無法達到完全的整合。有鑑於此，本書將焦點放在兩極和二元（或非二元）作爲我們必須學習關於整體的重要部分。然而爲了整合及落實這一功課，我們必須透過身體和情感的實際練習來獲得體驗。因此你仍必須去追尋這些體驗，光靠閱讀是不足以理解綜合療癒的——你必須去體驗它。

透過兩極來療癒

透過在自己的內部創造分裂和兩極，我們會更容易療癒並重新整合爲完整的人——我們的本來面目。從化約論的觀點來認識自己的不同部分，可以教給我們許多東西。儘管化約論的觀點絕不可能是眞相，但它是能爲以下之事做出貢獻的短暫眞相：

- 我們個別的人生體驗
- 我們的一體與統合

當我們將自己的陰陽兩極分開，大多數人會更容易愛自己，這同時也是走出自我憎恨最快的方法之一。當我們的內心出現仇恨的感覺時，我們可以分開這一部分的自己，並且知道這不是我們的本來面目，而只是我們一個暫時性的體驗。即使我們討厭自己的陽性面和

（或）陰性面、母親和（或）父親，兩極框架（配合使用陰陽對話功課）也能讓我們開始展開那有助我們療癒及轉化自己的對話，如此一來，我們就會更容易運用憎恨來轉化它、療癒它、整合它。

一般來說，我們會在不同的身體中同時做這三件事。我們越是能掌握關於運用三個主要體（在三體中，我們的情緒體並非像頭腦那樣受到時空的限制）的第五維度的理解，三個主要體的概念就會越快變成我們默認的觀點，我們也就越快學會在兩極框架上了解我們全部的三個身體。

除了將我們的陰陽兩極整合爲越來越有完整和一體的感覺外，我們也在尋求我們的肉體、理智體與情緒體之間，以及物質的第三維度、第四維度與第五維度之間的統合及一致性。在大多數的情況下，我們是透過兩極法則、二元法則、振動法則和吸引力法則來療癒這些身體，然後在它們之間找到一致性。

我們是透過兩極法則、二元法則、振動法則和吸引力法則來提升自己的振動頻率，而達到關於生命和宇宙運作方式的更深理解。

綜合療癒讓我們有一個安全的空間，去強調及檢視我們的黑暗面和陰影，並了解它們的兩極及它們教給我們的功課，從而掌握它們的禮物，但永遠是以健康的方式來重新整合我們的兩極。

透過一直尋找我們的陽性面和陰性面、以及它們不同特質的兩極，然後將它們予以整合，我們就走上愛自己、接納自己和自我了悟的康莊大道。

51

陰陽綜合療癒技巧

陰陽整合課是一個生理學的框架，可以作爲自我發展的工具獨立運用，也可以配合許多不同的療法一起使用。我最常用的綜合療癒技巧有：

四個主要技巧

1. **陰陽對話功課：**這是將完形治療所使用的一種方法進行非二元性的改編，能幫助我們發展情感智能。這是我私人療癒個案所發展出來的方法。
2. **解除防衛：**這是一系列的身體功法、呼吸法和能量功法技巧，其焦點在於轉化那些我們儲存於身體細胞內的情感信息。
3. **呼吸法和呼吸治療：**這是一系列改變我們的存在、生活和呼吸方式的呼吸練習和技巧，它同時支持我們用新的信息來重新設定我們的細胞。

4. **能量體功：**這是我私人的功法，並教導團體運用人的能量場和身體中的不同兩極。它與東方的昆達里尼科學有關，在陰陽能量的提升中獲得更深刻的自我了解。在昆達里尼體功中，我們將本書的非二元概念教給身體而非頭腦。雖然教學時我會提供結構與指引，但我認為每個治療師在進行能量和昆達里尼體功時，都應該找出最適合他們自己的方式。我的方式是融合東西方並且沒有教條，而你的方式可能與我的不同。

這四個主要技巧和兩極框架是一種強而有力的方法，可以在細胞的層次上轉化恐懼、痛苦和創傷，並使我們的三體一致，好讓我們能從更高的振動頻率來生活及工作，並更善用自己的力量。

痛苦和恐懼是那些卡在我們身體細胞中的振動，並形成一種防衛。只要身體記得過去傷害我們的那些東西，就表示我們可以保護自己免於將來再次受到它的傷害。無論是被狗咬或摯愛的人離開，那在能量層面上儲存於我們身體裡的痛苦記憶都是一樣的。它是要保護我們免於再次受到傷害、免於被狗咬、免於燙傷自己或免於心碎的感覺。

對我們大多數人來說，那些儲存在我們身體裡的創傷大約有九成都是無用的。事實上，這些防衛根本沒有保護我們什麼，而只會在我們的生活中創造更多我們不想要或不喜歡的事物。當我們對嫉妒、失落、被拋棄、恐懼、憤怒、沮喪或暴怒產生抗拒時，我們就與它們的振動頻率相應，因此，它們就會在我們的生活中被創造出來。當我們把這些創傷儲存在自己的身體裡，我們就成爲自我實現的預言。

防衛只會降低我們的振動頻率，這使我們變得沉重又稠密，於是降低了對觸覺、愉悅和痛苦的敏感度。所以我們要學習：

- 別讓負面的振動卡在身體裡。
- 解除自己的防衛。
- 重新設定自己，這是我們每個人都做得到的。

以這種方式使用綜合療癒技巧時，我們就是在進行全方位的療癒，並尋找一致性來運用自己的力量。因此除非創傷會對我們造成嚴重的傷害，否則我並不建議只有進行身體的治療，同時又不使用心理的兩極框架。事實上，痛苦和創傷是來教導我們的。因此在更深入綜合療癒技巧之前，請確保你已了解本書的概念並且能夠使用兩極框架，特別是在沒有合格治療師的情況下（我們並不推薦這種做法）。重要的是，如果想要進化自己的意識，我們就必須同時療癒我們的肉體、理智體和情緒體。

一般來說，這沒有先後順序的問題，而透過解除防衛的過程，我們開始明白並了解到我們的痛苦到底是怎麼一回事，還有它在教導我們什麼，以及我們需要改變什麼。

許多人和治療師會清除身體裡的阻塞和創傷，而不去檢視它們是否在心理上也獲得了解決。但從整合的觀點來看，這樣做是不明智的。

通常來說，與受過訓練的治療師一起合作永遠是有幫助的，但自我練習和參加自我發展的工作坊及訓練也可以帶來非常大的收穫。

抖動

陰陽綜合療癒中的解除防衛、呼吸法和能量體功就是學習如何：

• 抖動。
• 呼吸，同時放輕鬆地發出聲音。
• 使用骨盆底的肌肉來移動能量。
• 透過身體的陽性能量通道來流動能量。
• 透過身體的陰性能量通道來流動能量。

這一切都是爲了讓更多的昆達里尼能量貫穿我們的身體，從而使我們療癒、轉化及擴展意識覺知。

這些都是基本和基礎的技巧，使我們能透過體功來釋放創傷，以及發展腺體的情感智能。

在接下來的內容中，你將學習以下的基本技巧：

• 中性抖動
• 陽性抖動

- 打開髖部
- 陰性抖動
- 奧修昆達里尼抖動與道家小周天

這些練習的影片說明可透過 www.kundalinibodywork.com 的網址連結，轉到付費的線上課程或 YouTube 的免費內容部分。

中性抖動

1. 站立，雙腳與臀部同寬，膝蓋微曲至看不見腳掌、但看得到腳趾頭。尾骨向內收。
2. 以膝蓋爲支點，用輕柔但有力的節奏跳動。讓跳動來自於臀部。感受你的臀部，將意識覺知放在你的臀部、骨盆、腹股溝、性器官和肚子。
3. 確保你的腳跟平貼地面。腳離開地面表示你想要逃離身體。要保持固定與穩定。
4. 上下抖動時，全身要保持放鬆，並向後鬆開肩膀。張開嘴巴，下巴放鬆。

5. 用鼻子深呼吸至丹田，再由嘴巴吐氣。

6. 嘴巴吐氣時，想像喉嚨有一雙嘴唇，而你是從這雙嘴唇吐氣的。這可以放鬆整個身體，並能按摩胸腔和甲狀腺。

7. 吐氣時，你應該會聽到輕柔的「啊」聲。但請確保你不是刻意發出「啊」的聲音。你應該只是保持放鬆，讓這聲音自然出現。

8. 保持放鬆，讓身體呼吸、抖動及發出聲音。

陽性抖動

1. 在中性抖動中上下抖動時，我們會在乙太場（身體周圍的電磁場）中產生混亂和兩極。我們可以利用這個場將更多的能量、氣、生命能量和生命力引入身體裡。

2. 我們的兩腿之間有一處稱爲會陰的柔軟部位。男性的會陰位於睪丸和肛門之間，女性的會陰位於瑜尼（Yoni，亦即陰道）和肛門之間。我們的頭頂也有一處柔軟的部位，稱爲前囟門，這是我們的頭骨最後形成的部位，大約是在出生後十二個月至十八個月左右。

3. 地球的能量（氣、生命能量和生命力）透過會陰進入身體，而神聖的能量（或神聖的氣、生命能量、生命力）是透過頭頂進入身體。

4. 當我們收緊會陰前面和周圍的性肌肉、肛門的括約肌、以及位於這兩個部位之間更深處的PC肌（恥尾肌）時，應該盡量放鬆身體的其他部位。與大多數瑜伽姿勢不同的是，如果我們在放鬆腹部時能同時收緊這三處肌肉會更好，因爲這樣能讓更多能量進入我們的身體。若你無法立刻做到這一點也別擔心，畢竟這是需要練習的，並且通常需要深入解除骨盆底和腹部的防衛。剛開始練習時，你可以只收緊骨盆底的所有肌肉。

5. 無論如何，我們都會開始透過會陰將能量引入身體，從而使我們開始碰觸到自己的能量和力量。

6. 做陽性抖動時，這股能量會沿著陽性能量通道流動。這條通道是在脊柱上方直到頭頂，環繞頭部數圈（進階的修煉者可以舌抵上顎以形成迴路），然後這股能量會稍微在身體內部或外部往下流動。我們把這股能量儲存在肚臍或下丹田內。

7. 當我們上下抖動，放鬆整個身體，並收緊肛門的括約肌和PC肌時，我們的整條脊柱會變得筆直，並且可以放鬆身體。我們會放鬆到如果脊椎的底部沒固定住，我們就會做出後彎來。收縮骨盆底但不縮腹，可以讓身體的其他部位都放鬆下來；但這不包括膝蓋和腳踝，所以我們不會跌倒。

8. 當我們以這種方式呼吸，並把能量和生命力拉進身體裡時，我們就能釋放過去被卡住的能量、最近的負面情緒，以及那些小小的創傷。如果我們沒有新的能量，我們就不會想放下舊的能量，即使它充滿了創傷。如果沒有氣在我們的身體裡流動，那一刻我們就會死亡。這就是爲什麼當我們有新的氣和新的生命力時，我們會更願意放下的原因。能量是無限又豐富的，因此讓能量在我們的身體裡自由流動和循環是最好的。

9. 這是非常適合在早晨或承受壓力後做的一個練習。別忘了讓你的身體發出聲音。

打開髖部

1. 這個練習不是陽性或陰性的。它能幫助我們打開髖部，讓更多的能量通過脊柱。這是很棒的熱身運動，可以為陰性抖動做好準備。
2. 雙手放在身體的兩側，想像它們與臀部是固定在一起的；手移動，臀部就跟著移動。你的手不能向前超出臀部。現在把臀部往後滾動。
3. 這動作看起來會像是大海的波浪，並且有四個轉動點：一個在臀部，兩個在脊椎，一個在頸部。完全吸氣時，頸部往後仰；吐氣時，回到頸部朝下。
4. 從嘴巴用力地深呼吸，真正去感受空氣在喉嚨中急速流過。吸氣時，這波浪是向上移動的；從嘴裡吐氣時，這波浪就滾動下來。
5. 這個滾動應該來自於下脊柱或腰椎，而不是膝蓋。膝蓋會動一下，但那是臀部帶動膝蓋。如果你覺得這個動作很難，可以試著前後擺動臀部幾次，並保持膝蓋的相對靜止，接著再把它變成一個向後、向上彎曲的滾動動作。
6. 吸氣時，收緊你的ＰＣ肌、生殖器和肛門的括約肌，並放鬆你的腹部肌肉（如果你能同時放鬆它們的話）。吸氣時，感受並想像能量沿著你的脊柱往上流動。這種能量需要一些時間積累，並且你很難單獨靠它來清理你的脊柱。但如果你的脊柱是暢通的，這種能量就會感覺像是從你的頭頂流出來。如果沒有也沒關係，只要練習這個動作來讓骨盆的肌肉習慣它。

陰性抖動

1. 陰性的能量通道與陽性的相反。它從我們的肚臍或下丹田開始，也許會稍微在身體內部或外部往上流動，或兩者兼具。這股能量向上流動，環繞頭部數圈（同樣的，進階的修煉者可以舌抵上顎），然後它會沿著脊椎下行，從兩腿之間的尾骨流出，再往上返回身體，進入肚臍或下丹田。
2. 陰性抖動的方式沒有對錯之分。只要遵循基本的結構，不論怎麼做都可以。女性喜歡改變心意，而多樣性可以為身體帶來快樂。每個人的陰性面都是不同的，並且會產生變化。找出當下最適合你的動作才是最重要的。要保持放鬆和鬆弛。

3. 你可以用鼻子吸氣和吐氣，也可以用鼻子吸氣、嘴巴吐氣。
4. 你可以從中性抖動和打開髖部之間的某個步驟開始，這將有助於激發能量。
5. 在陽性抖動中，我們是把能量拉進身體；但在陰性抖動中，我們只是臣服和允許。我們越是臣服於自己的身體、呼吸和動作，就會有越多的能量流過我們。這就好像我們臣服於自己的陽性能量一樣。
6. 移動臀部和呼吸時，我們可以縮放（一鬆一緊、一鬆一緊）骨盆底的肌肉。當我們抽動或縮放這些肌肉時，能量就被汲取到身體裡。同樣的，我們必須完全放鬆身體的其他部位並且臣服。這種臣服與抗拒之間的差異可能非常微妙，尤其是我們同時在收緊和放開肌肉。試著讓身體有更多的自由。你想要怎麼動就怎麼動。也許你開始左右搖擺你的臀部，也許你把胸部凸出來，或者滾動你的脖子。無論如何，你只要持續回到放鬆的波浪動作，讓能量往上流動即可。
7. 當我們解除骨盆底的防衛，這些肌肉就會開始自行運作。當我們想要更多的能量時，骨盆底就會自動汲取，我們連想都不必想。

8. 對於女性練習者，這個練習可以改爲使用晶蛋（Yoni egg）。對於男性練習者，改造過的練習可以有助於將射精和高潮兩者分開。

9. 每個人都會找到自己在吸氣、吐氣或吸吐氣時汲取能量的方式。它可能是在多個短促的吸氣中多次汲取能量，或是在一個緩慢的呼吸中汲取一次能量。保持變化是好的，或者讓它隨著身體的需要而改變。

10. 進行這種陰性抖動時，我們可以發現自己的能量堵塞以及繞過它們的方法。最終，我們希望把這些堵塞移除，好讓能量可以暢通無阻。但是剛開始時，先習慣讓愉悅的能量流過身體是好的。注意那些堵塞的位置，並應用更多的抽動和波浪般的動作來繞過它們。

奧修昆達里尼抖動與道家小周天

1. 陽性抖動和陰性抖動與古老的道家小周天修煉和近代的奧修昆達里尼抖動（亦即奧修動態靜心）非常相似。這兩種練習相輔相成，若有時間，可以兩者都嘗試看看。

陽性抖動和陰性抖動本身就是快速又有效的方法，練習它對於昆達里尼抖動或小周天的練習都有幫助。它有許多與上述兩種修煉類似的好處，以及其本身的一些優點。它可以伴隨著音樂練習，也可以不放音樂。它確實對我們能量系統的淨化和一致性有莫大的幫助。

2. 道家小周天在人體內使用相同的陽性和陰性能量通道，是許多驚人又強大的道家修煉的基礎。

3. 奧修昆達里尼抖動是一種完全放鬆及融入身體的方法，讓呼吸和某種類型的音樂去移動和抖動身體。不是我們在抖動身體，而是讓音樂去抖動我們的身體，從而提升我們的能量。

4. 你可以透過 www.kundalinibodywork.com 的網址連結，找到我們推薦的抖動音樂，或者上網搜尋著名的「奧修昆達里尼抖動音樂」。

不論你選擇以何種方式練習，我都希望你每天都能抖動、深呼吸和發出聲音。

後記

如果你喜歡讀這本書，我想請你花一點時間閱讀這篇後記。它是我對於如何建立一個豐盛、快樂、在科技和靈性上都進步的社會的一些建議和實用步驟。雖然這不是我的專業領域，但我內心覺得在這裡表達這些看法是恰當的，儘管它們不同於本書的焦點。

如先前所述，個人和全球的轉化必須同步，就像成熟陰性面是在陽性面之先、爲人母先於爲人父的情形一樣。當個人的轉化沒有反映在集體或社會中時，個人的改變就不太可能維持下去，從而退化爲不成熟和陰影的表現。

爲了看到平衡的成熟陽性和陰性的領導力，我們能做的最有力量的事情之一是，將我們的消費力（我們那表現爲金錢的能量）用於承諾（或至少致力於承諾）這兩件事：「我只願意花錢和投資在那些致力於創造一個道德、合群、可持續的世界的產品和公司。」以及：「我不會在那些我不想在那裡工作或不想看到親人在那裡工作的地方消費。」

這兩件事可能聽起來很激進，甚至難以實現，尤其是最後一個。然而要真正改變集體的體系和集體意識，改變必須來自於個人的自由意志——數十億人自由並自願地選擇同一個東西的集體力量，選擇如同愛自己一樣地愛其他的人。政府和企業用我們賦予它們的權力來控制和管理我們，但爲了集體層面的健康改變，首先個人必須要有打從心底的改變。

想要組織一群比某個聲明、想法或信念更爲複雜的人，往往會過於複雜而無法實行。上述的兩件事多少有一些缺陷，我們可能會爲如何更好地傳達這個訊息而爭論好幾天；然而最終，我們每個人都有自己的選擇，並且在看到更好的方法時展現這一點。有些時候，我們還是會想搭飛機、買手機或汽車，我們應該很可能還會想做這些事。享受人生、不受限制地生活是很重要的，但這兩件事說的是：我們應該致力於只將自己的能量、金錢投入到那些好好地投資於社會和地球的產品和公司，並讓其他公司破產。

也許我們不認識或不會直接喜歡任何想當美髮師、律師或清潔工的人，然而當我們在這些職業中選擇任何一個人時，我們應該確保每個我們直接或間接聘請或僱用的人都有良好的生命品質，並且了解他們的意識經驗會影響（並且即是）我們的意識經驗。因此，請停止把權力交給政府和企業，而把這件事變成它們的工作。現在該是我們拿回自己的權力，並為我們的金錢和能量的去向和創造的東西負起責任的時候了。

這個策略是，如果有足夠多的人盡他們最大的力量接受這兩件事，社會將不得不發生戲劇性的積極改變。許多人說經濟崩潰是不可避免的，然而由道德消費者的力量緩慢造成的崩潰會是低衝擊性的經濟崩潰，並且能讓我們有時間改變工業的方向。這仍然會造成失業率的上升，因為我們知道，現代有許多的工作、產品和服務，其實只是為了讓大量的人口保持忙碌及維持經濟的運轉罷了。

僅僅只是保持忙碌並非是一件好事，尤其是當它藉由減少人們的自我管理、指揮領導力、自我發展和享樂的時間來妨礙民主運作的時候。

如果政府和企業有足夠多的優秀領導者掌權，並且他們能從心靈和理智來行動，同時不否認人性的現實和黑暗面，那麼就有可能把上升的失業率轉變為積極的事。企業和政府將不得不適應，並創造出一種管理時間和分配財富的方法，讓我們所有人都有更多的自由時間，並透過降低大多數人的工作時間來平衡大量失業的情況，同時結束許多毫無意義和破壞靈魂的工作，讓人們有更多的時間成爲快樂的人及做自己喜愛的事。

這一切必須發生得足夠緩慢，好讓我們的政府和資本主義能夠進行調整。過渡的首要步驟之一可能是，確保只讓有意識和環保的公司獲得利潤；換句話說，所有形式的資本主義都會變得有意識和環保。畢竟我們的經濟就是建立在「供給與需求」的基本法則上。因此只要你的預算允許（這件事其實必須由中產階級帶領，因爲窮人幾乎沒有影響力，而富人又太少了），請承諾這兩件事：「我只願意花錢和投資在那些致力於創造一個道德、合群、可持續的世界的產品和公司。」以及：「我不會在那些我不想在那裡工作或不想看到親人在那裡工作的地方消費。」

如果對你實踐承諾有幫助的話，你也可以把這兩句話寫下來。

我們需要準備就緒的體系和科技，來支持我們的集體和個人的轉變及創造力，因爲如果沒有那些支持我們轉化的結構和環境，我們就可能會倒退和退化。當政府在可接受的轉型期內，強制實施正確的政策和稅務改革時，社會將發生改變。然而唯有當大眾（全民）反映出改變時，政府才有辦法強制實施這些政策，從而吸引及配合這些改變的到來。

我們的振動頻率必須符合自己想要的那種領導力的頻率，因為政府和企業無法像許多人期望的那樣拯救我們，我們只能自己救自己。

「如果我們能改變自己，世界上的趨勢也會隨之改變。」

——甘地（1869-1948）

剛開始邁開的幾個步伐可能很小，畢竟對許多人來說，要在一夜之間改變我們的整個生活是不可能的。但如果你不想當披薩外送員，就請不要經常叫外賣，也不要陷入「可是每個人必須工作賺錢呀」的心理陷阱。如果你不想一輩子都在工廠裡工作，就請致力於（有時候你可能會失敗，那也沒關係，但請致力於）只買有十年以上或終身保固的產品（盡量避免那些廉價的塑膠垃圾）。如果你個人不想要或不希望自己的孩子在屠宰場、墨西哥捕蝦船或冷凍海鮮廠的輸送帶旁工作，請考慮從你的飲食中排除肉類製品，或至少對植物性的營養品和農業進行投資。

重要提示：植物性飲食是更有持續性、更多人奉行的飲食，遠超過我們所相信的宣傳。目前我們的植物性農業和營養飲食極其缺乏，因爲原本應該照顧我們健康的製藥業和現代農產業，由於它們的利潤太高而不願轉型爲更好的食品生產和醫療保健體系。因此，我們缺乏在科學、技術和農業方面的必要投資來使植物性飲食更加普及。

當我們改變了生活方式，每個人在地球上生活的大多數時光都可以過得很美好。而要創造這樣的體系，改變、多樣性和創造力是其關鍵。建立一個賦予人們力量、允許人們主導、有創造力、整合回更大的整體的體系是至關重要的。它既不是資本主義，也不是共產主義，而是我們尚未創造的一種新體系。這不會在一夜之間發生，但首先我們必須先改變目前的體系和教育。因此如果你是個人或代表某個企業或機構，並想要爲這世界的陰陽平衡的領導力做好準備及提供支持的話，我極力推薦採用以下三種體系：

一、**螺旋動力學：**發展對應的人類價值體系來達到整體的理解。

二、**全員參與制、全體共治或類似制度：**無偏見和無文化色彩的決策結構，融合了專制、民主、共識決策和管理等風格的優點。一旦這些方法應用在兒童教育中，亦即孩子可以在有不同年齡層的環境中、在一套規則和架構內、在他們的管理者的同意下主導自己的教育時，我們就能培養出有能力、並且準備好創造那些必要的社會、體系和文化變革的一代人。

三、**永續農業**：這主要是一種以自然爲基礎的土地管理體系，其原則也與人體的各個系統有關，並遵循著大自然本有的模式、原則和智慧（在更基本的層次上，這被稱爲仿生學）。

要爲那跨越多種價值體系和文化的大型集體改革做好準備，我們就必須在上述的體系中教育人們和孩子。

我希望這篇後記能鼓勵你在生活中做出一些積極和實質性的改變，以及透過使用兩極框架來進化你自己、你的陽性面、陰性面、陰影和整合之我，從而產生內在的改變。

本書可以像一個程式或下載檔案般運作，因此如果你現在開始將兩極和二元應用在你的生活中，它將變成你的習性，你會不假思索地使用它，並且只要定期複習四張解說圖，你就會持續下去。

如果要繼續你的旅程，請上網站 www.polarityworlk.com 來發現更多的綜合療癒、參加工作坊或線上課程、在社交媒體上點讚、追蹤及分享、註冊電子報、寫下評論。

誠摯的祝福，

艾略特・薩克斯比

術語表

以下是本書討論的一些主要術語。在其他地方，你可能會發現像「潛意識」和「無意識」之類的術語被互換使用，或是對「意識」、「潛意識」和「無意識」有不同的定義。

一致的整合之我（Aligned integrated self）：當不健康的衝突感消失時，留下健康的陰陽平衡。它能讓我們的高我透過我們來行動。

壞的（Bad）：通常是個人根據情況和渴望做出的評斷和偏好。

集體智能/意識（Collective intelligence/consciousness）：群體或集體的意識覺知。從人少的小群體到人多的大群體，這些人可能彼此認識，也可能互不相識。你的意識心、你的潛意識、你的意識和你的高我，都與各種不同的集體智能連結在一起，它們會告知你想什麼、感受什麼、如何行動，以及你的直覺注意到什麼。

包容心（Compersion）：以他人的快樂為樂。

意識心（Conscious Mind）：我們在理智層面有意識地覺察到的內容。

意識，或意識覺知（Consciousness, or conscious awareness）：將我們的覺知從頭腦投射到身體的其他部位和身體外的能力。感受我們的情緒，發展對其他人的同理心，意識到其他人的感受和體驗。擴展我們的覺知，就是使無意識變得有意識。

二元性（Duality）：光譜的鏡像。

情緒體是第五維度的（Emotional body is 5th-dimensional）：它超越時間和空間。情緒體和直覺是第五維度的體驗。它是有著不同的現實互相關聯及彼此影響的多維度現實。它完全超出第四維度的心智所能理解的範圍。但對情緒體來說，邏輯和線性並不重要。不論事件是發生在自己或他人身上，不論它是過去、未來、現在，或甚至是別人的過去。對情緒體而言，眞相等同於信念。

好的（Good）：通常是個人根據情況和渴望做出的評斷和偏好。

健康的（Healthy）：身體、心理和情感上的自然狀態和最佳狀態。令人嚮往和滿足。

健康的小我（Healthy ego）：自由自在的「我」的感覺，它讓我們能體驗獨立性又不會害怕或否認一體。它是來自於我們的正念和行動的個性表現，而不是來自於創傷和反應。

高我（Higher self）：自我的一部分，但它的振動頻率更高。它能汲取潛意識的內容，並提供我們外面的信息。它有一部分存在於集體意識中。而當生命完美地流動並出現同步性時，這就是我們的高我在透過我們運作。高我能以許多不同的方式被體驗，因爲它是以多維度的方式行動來爲多個目的服務。不同的人會用不同的方式來定義我們的高我，但我覺得最好不要給出明確的定義，因爲它具有多重的眞相，並以多種方式表現它自己。

當你對於生命有更多第五維度的理解時，就更容易接受同時存在多重的眞相，而不需要去做那些永無止盡的分類。與自己的高我建立更好的交流，能讓我們了解關於一體的各種抽象概念，以及那些與此時此地相關的事物，從而在此時此地創造更多的生命和美好。使用兩極框架並運用綜合療癒技巧來善用我們的情緒和直覺，將能使我們與自己的高我有更好的一致性和交流。

不成熟（Immature）：指未完全發展。其行動往往是出自於恐懼，有時候表現得幼稚、天眞和粗魯。它可能是健康或不健康的。

整合之我（Integrated self）：我們對這世界的外在表現。通常是我們的陰影、不成熟自我和成熟自我的混合體。

內在陽性面與內在陰性面（Inner Masculine and Inner Feminine）：男人和女人都有陽性面和陰性面。雖然在刻板印象中，男人更常表現陽性面的特質，而女人更常表現陰性面的特質，但它們與性別是無關的。

直覺（Intuition）：我們通常是在肚子裡感受到它，而女性還可能在子宮裡感受到它，但它其實並沒有具體的位置。它與高我不分伯仲，但它能將集體智能和無意識傳送到我們的意識中。要運用直覺，我們就必須相信自己，並且要有一顆敞開的心。我們越相信自己的直覺，它的作用就越強。

成熟（Mature）：一種持續深化的心理和情感的發展階段。它可能是健康或不健康的。

理智體是第四維度的（Mental body is 4th-dimensional）：它在線性的時間框架中運作。先有「A」，然後才有「B」。

悖論（Paradox）：一個隨著每次的理解不同，它也會隨之改變的概念。

肉體是第三維度的（Physical body is 3rd-dimensional）：永遠在當下一刻，永遠處於現在。對肉體來說，時間是不存在的；它永遠只有現在，就像一個靜止的三維物體或靜態的照片。

兩極（Polarity）：光譜相反的兩端。

獨立的自我（Separate self）：從頭腦來體驗這世界。從我們的記憶和心理設定來對這世界作出反應，而不涉及同理心、情感智能和集體意識。

陰影（Shadow）：極度不健康的不成熟面，並且沒有明顯的健康面。它讓我們認識光明，並賦予我們前進的方向。認識我們的陰影就是認識我們的恐懼，並且了解這些恐懼對我們的幫助和幫助的方式。我們的進化停滯不前時，便可以利用陰影作爲更高層次的極性，一個推動生命前進的極性。而當我們無意識地從自己的陰影來行動時，我們的行動就是出自於恐懼。

潛意識心靈（Subconscious Mind）：我們沒有完全意識到的心靈部分，但它會影響我們的行爲和感受。當我們對潛意識心靈有更多的覺察，我們就會越了解自己。潛意識心靈還從那些被壓抑的恐懼和欲望之類的東西，創造了我們人格的陰影面。潛意識心靈是我們的存在的半意識部分，在某種程度上，我們可以對它進行設定來改變我們的行爲，但它（我們自己）的行動大部分都比我們認爲的更加獨立。

內在小孩（The Inner Child）：一個基於「我們心裡都有一個內在兒童」的理論的心理學概念，它會根據你的需要而改變。

無意識（The Unconscious）：所有我們尚未意識到的宇宙知識；所有我們不知道和沒有意識到的一切。無限的可能性。

不健康（Unhealthy）：一種扭曲、變形和不自然的狀態。令人討厭和不滿。

不健康的小我（Unhealthy ego）：它使頭腦主導的彼我分離和反應式行爲得以延續下去。不健康的小我是我們的潛意識心靈所創造，並且是它的一部分。它是我們從預先設定的信念中行動的那一部分。它們可能是對我們有益的信念，也可能是那些會阻礙我們發展、源自於恐懼的信念。

推薦書目

當人們請求我列出這份推薦書目時，我感到十分爲難，因爲雖然我已經寫了一本書，但是我讀完的書籍並不是很多，因此很難推薦一些對我有影響的重要作者。在某種程度上，這本書似乎只是在我經歷了多次的自我淨化和幾次的靈魂暗夜後浮現在我的意識中；它更像是透過通靈或下載的方式得到的內容，然後再透過個人的體驗、以及許多接受我的療癒和參加工作坊的人的經驗來加以完善。

當我十二歲離開學校時，我大多數的知識都是自學的。年輕時的閱讀，通常也是爲了特定的知識。因此除了列出一份書單外，我還提供了一份影響我的作者清單。任何知道類似本書和兩極框架的作品的人，都會期望在這裡看到這些作者。

傑瑞・卡茲（Jerry Katz），《一：關於不二論的重要文集》（*One: Essential Writings On*

Nonduality）。

馬修・李察德（Matthieu Richard）與鄭春順（Trinh Xuan Thuan）合著，《量子與蓮花》（*The Quantum and the Lotus*）。

克諦參夏仁波切（Kirti Tsenshap Rinpoche），《佛教密宗原理》（*Principles of Buddhist Tantra*）。

巴巴・戴茲・尼可斯（Baba Dez Nichols）與卡瑪拉・戴薇（Kamala Devi）合著，《性療癒：薩滿的性魔法》（*Sexual Healing: The Shaman Method of Sex Magic*）。

湯姆・肯永（Tom Kenyon）與茱蒂・席翁（Judi Sion）合著，《莫德林手稿》（*The Magdalen Manuscript*）。

芭芭拉・布藍能（Barbara Brennan），《光之手》（*Hands of Light*）。

派翠克・懷特菲爾德（Patrick Whitefield），《地球關懷手冊》（*The Earth Care Manual*）。

約翰・巴克（John Buck）與莎朗・維利恩斯（Sharon Villines）合著，《我們人民，同意更深的民主》（*We the People, Consenting to Deeper Democracy*）。

唐・愛德華・貝克（Don Edward Beck）與克里斯托弗・柯溫教授（Prof. Christopher C. Cowan）合著，《螺旋動力學》（*Spiral Dynamics*）。

肯恩・威爾伯（Ken Wilber），《萬物論》（*A Theory of Everything*）。

紀伯倫（Kahlil Gibran），《先知》（*The Prophet*）。

謝明德（Mantak Chia）的各種著作。

大衛・戴伊達（David Deida）的各種著作。

卡爾・榮格（Carl Jung）的各種著作。

威廉・賴希（Wilhelm Reich）的各種著作。

魯米（Rumi）的各種著作。

奧修（Osho）的各種著作。

國家圖書館出版品預行編目（CIP）資料

一個人的內在陰陽整合課：從平衡到進化，成為更成熟圓滿的自己／艾略特・薩克斯比（Elliott Saxby）著；謝明憲譯. -- 初版. -- 臺北市：橡實文化出版：大雁出版基地發行，2023.06
面：　公分
譯自：The inner marriage : a guide to masculine and feminine polarity work.
ISBN 978-626-7313-08-4（平裝）

1.CST: 成人心理學　2.CST: 性別差異　3.CST: 性別角色

173.3　　112005708

BC1120

一個人的內在陰陽整合課：從平衡到進化，成爲更成熟圓滿的自己

The Inner Marriage: A Guide to Masculine and Feminine Polarity Work

---

作　　者　艾略特・薩克斯比（Elliott Saxby）
譯　　者　謝明憲
責任編輯　田哲榮
協力編輯　劉芸蓁
封面設計　斐類設計
內頁構成　歐陽碧智
校　　對　蔡昊恩

發 行 人　蘇拾平
總 編 輯　于芝峰
副總編輯　田哲榮
業務發行　王綬晨、邱紹溢
行銷企劃　陳詩婷
出　　版　橡實文化 ACORN Publishing
地址：10544 臺北市松山區復興北路 333 號 11 樓之 4
電話：02-2718-2001　傳眞：02-2719-1308
網址：www.acornbooks.com.tw
E-mail 信箱：acorn@andbooks.com.tw
發　　行　大雁出版基地
地址：10544 臺北市松山區復興北路 333 號 11 樓之 4
電話：02-2718-2001　傳眞：02-2718-1258
讀者傳眞服務：02-2718-1258
讀者服務信箱：andbooks@andbooks.com.tw
劃撥帳號：19983379　戶名：大雁文化事業股份有限公司

印　　刷　中原造像股份有限公司
初版一刷　2023 年 6 月
定　　價　620 元
I S B N　978-626-7313-08-4